BATAILLE DE LOIGNY

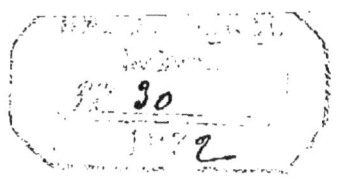

BATAILLE
DE LOIGNY

AVEC LES COMBATS

DE VILLEPION ET DE POUPRY

PAR

AUGUSTE BOUCHER

Ancien élève de l'École normale, professeur de seconde au Lycée d'Orléans.

DEUXIÈME ÉDITION AVEC UNE CARTE.

ORLÉANS

H. HERLUISON, LIBRAIRE-ÉDITEUR

17, rue Jeanne-d'Arc, 17.

1872.

Tous droits réservés.

BATAILLE
DE LOIGNY

Il faut considérer la soirée du 30 novembre comme une date néfaste pour l'armée de la Loire. C'est en effet ce soir-là que M. Gambetta et M. de Freycinet décidèrent eux-mêmes de ses destinées ; c'est ce soir-là qu'ils imposèrent à d'Aurelles et à Chanzy le plan fatal où, en trois jours, se trouva confondue la dernière fortune de la France.

Dans l'après-midi du 30, une dépêche de Tours annonçait au quartier général l'arrivée de M. de Freycinet, délégué du Ministre de la guerre. Il venait expliquer de vive voix le projet qu'il avait conçu de faire marcher sur Pithiviers l'armée de la Loire tout entière. Résolu à ne point céder aux objections que les généraux lui opposeraient sans doute, M. de Freycinet ne devait leur permettre, dans cette conférence, que de discuter les moyens d'effectuer son projet. Au reste, rien ne prouve mieux que cette dépêche elle-même l'intention qu'avaient M. Gambetta et son délégué d'exercer sans conteste la dictature de leur stratégie : « Continuez vos préparatifs, y disait-on, en vue de vous porter en avant, route d'Etampes et route de Pithiviers, avec le 16ᵉ corps et les deux divisions du 15ᵉ, et en vue de ramener de Sonis (17ᵉ corps) à Orléans. Ne changez pas la position de la division qui est avec des Pallières (1). » Ainsi, avant qu'on eût délibéré sur le plan qu'on feignait de soumettre à leurs conseils, on prescrivait aux généraux les mesures qui en commençaient l'exécution ! On peut donc le dire déjà : quand, suivi de M. de Serres, M. de Freycinet entra, vers neuf heures, au quartier général de St-Jean-de-la-Ruelle, tout était impérieusement réglé dans sa pensée (2).

M. de Freycinet reprenait, ce jour-là, le projet de ce même mouvement que, le 23 novembre, il com-

---

(1) Voir aux Pièces justificatives, note 1.

(2) Quand ils surent que, le 1ᵉʳ décembre, la victoire avait secondé leurs premiers desseins au combat de Villepion, M. Gambetta et M. de Freycinet, revendiquant aussitôt leur part de responsabilité dans le succès, firent déclarer, dans une note publiée au *Moniteur universel* du 3 décembre, que le mouvement général de l'armée de la Loire, commencé le 1ᵉʳ, « avait été concerté le 30 novembre, au soir, au quartier général, en vertu d'instructions émanées du Ministère de la guerre. »

mandait au général Martin des Pallières (1ʳᵉ division du 15ᵉ corps), malgré l'avis du général d'Aurelles, malgré la résistance de des Pallières lui-même ; mouvement que les 18ᵉ et 20ᵉ corps avaient tenté le 28 novembre, sur l'ordre direct de M. de Freycinet, à la malheureuse bataille de Beaune-la-Rolande. Cette fois, il s'agissait d'entreprendre une action générale. Diriger ensemble sur Pithiviers les 16ᵉ, 17ᵉ, 15ᵉ, 20ᵉ et 18ᵉ corps ; attaquer, par des efforts combinés, le prince Frédéric-Charles ; et, les Prussiens battus, descendre vers Fontainebleau, à la rencontre de l'armée de Ducrot, qui, sortie de Paris et victorieuse, tiendrait alors la campagne : telles étaient les lignes principales du plan qu'avait dessiné M. de Freycinet. Pour convaincre les généraux qu'il invitait à l'entendre, le soir du 30 novembre, il comptait sur l'étonnante nouvelle qu'il apportait : quand il leur montrerait Ducrot arrivant aux environs de Fontainebleau et leur tendant la main, pourraient-ils ne pas tressaillir d'espoir ? De quelle incertitude et de quel retard oseraient-ils se rendre alors coupables ?.... Ce fut à l'artifice de cette nouvelle que M. de Freycinet eut recours pour vaincre l'hésitation de d'Aurelles, de Borel et de Chanzy : jaloux de capter leur assentiment, décidé à surprendre leur bonne foi, avide enfin de les ranger docilement à sa volonté, il les informe d'un événement qui non-seulement ne s'est pas produit, mais qu'on ne peut pas encore savoir ; il les assure, le 30 novembre, d'un fait que M. Gambetta n'apprendra que le lendemain (1).

M. de Freycinet prenait-il pour une vérité ce songe de son imagination ? Il est certain qu'il interprétait avec une étrange habileté ou une naïveté non moins étrange, la dépêche qu'on avait reçue du général Trochu dans le cours même de la journée, dépêche où il était dit : « Mardi 29, l'armée extérieure commandée par le général Ducrot, le plus énergique de nous, abordera les positions fortifiées de l'ennemi, et s'il les enlève, poussera vers la Loire, probablement dans la direction de Gien. » Et ce sont ces calculs incertains du général Trochu que M. de Freycinet escompte déjà comme des réalités ! Et ce sont ces illusions qui l'éblouissent au point qu'il vient déclarer que le général Ducrot était en route, depuis la veille 29 ! Et c'est sur ces indications fortuites, c'est d'après ces vagues notions qu'il voyait Ducrot suivant la rive droite de la Seine jusqu'à Melun, traversant le fleuve à cet endroit,

---

(1) Parti de Tours dans l'après-midi du 30 novembre, M. de Freycinet n'a pu évidemment connaître, ce jour-là, le prétendu triomphe sur lequel il spéculait devant le général d'Aurelles. M. Gambetta n'a-t-il pas dit, dès les premières lignes de la dépêche que, le 1ᵉʳ décembre, à 8 heures du soir, il communiquait à la France : « La Délégation du Gouvernement *a reçu aujourd'hui*, 1ᵉʳ *décembre,* la nouvelle d'une victoire remportée sous les murs de Paris, pendant les journées des 28, 29 et 30 novembre ? »

passant par la forêt de Fontainebleau et accourant à Montargis ! Certes, on ne peut croire que M. de Freycinet ait eu cette vision par un effet de crédulité ; et l'on est tenté de chercher dans une dépêche envoyée par M. Gambetta au général Trochu l'explication dont on a besoin ici. Cette dépêche avertit le gouvernement de Paris que, le 6 décembre au plus tard, l'armée de la Loire bivouaquerait dans la forêt de Fontainebleau. Voulait-on séduire ainsi Trochu et d'Aurelles par des nouvelles où chacun d'eux pût voir le mirage d'une victoire ? Voulait-on exciter l'un à marcher sur Fontainebleau parce que d'Aurelles y serait, et pousser l'autre au même lieu parce que l'armée de Trochu devait s'y trouver ? M. Gambetta cherchait-il à les attirer vers le même point, à l'aide d'un même mensonge ? Un jour, l'histoire le saura : en attendant, il est déjà prouvé qu'au conseil de guerre du 30 novembre, M. de Freycinet usait d'un renseignement fictif ou faux, pour précipiter l'armée de la Loire dans la carrière qu'il lui plaisait de tracer.

Dans la discussion, les trois généraux, à qui M. de Freycinet venait d'exposer son plan, émirent plus d'un doute et signalèrent les plus périlleuses difficultés. Pouvait-on affirmer, disaient-ils, que Ducrot fût déjà à Fontainebleau ? Était-on sûr seulement qu'il s'avançât dans cette direction ? La sortie de ses troupes s'était-elle faite au jour prédit ? Avait-il été victorieux ?

Les opérations de Ducrot coïncideraient-elles avec celles de l'armée de la Loire ? A ces questions M. de Freycinet répondait avec une assurance superbe : il semblait ne rien ignorer ; sa certitude avait toutes les hardiesses. Mais les généraux blâmaient surtout son projet à cause des chances terribles qu'ils y découvraient : à leur avis, on courait le risque d'une défaite si, en s'aventurant sur Pithiviers, on rencontrait toutes les forces de Frédéric-Charles réunies : la supériorité de ses troupes serait d'autant plus redoutable qu'il les aurait concentrées sur un terrain plus étroit. D'ailleurs, ce départ précipité aurait lieu dans des conditions fâcheuses : une opération semblable ne pouvait s'entreprendre d'un jour à l'autre sans certains préparatifs ; sur son front de bataille, l'armée était encore trop disséminée ; enfin, rien n'était plus dangereux pour l'aile gauche que le mouvement tournant qu'elle allait opérer, en laissant le grand duc de Mecklembourg soit derrière elle, soit sur son flanc. Mais toutes ces raisons ne persuadèrent point M. de Freycinet ; quand il vit ses contradicteurs rebelles à tous ses arguments, il se retrancha derrière l'autorité de M. Gambetta ; il les contraignit à s'incliner devant ce qu'il appela l'ordre formel du Gouvernement. Le général d'Aurelles se soumit, triste et dégoûté : malgré son désespoir, il crut qu'à la veille de la grande bataille, il ne pouvait ni quitter son poste ni manquer au service de son pays ; au moins essaierait-il de prévenir ou d'atténuer les calamités qu'il présageait (1).

Si nous ne nous trompons, elle était bien téméraire et présomptueuse, la résolution à laquelle on asservissait ainsi les chefs de l'armée de la Loire. Quand on avait à sa gauche le grand duc de Mecklembourg avec des forces imposantes, pourquoi vouloir courir à Pithiviers pour y affronter Frédéric-Charles ? Si les deux princes nous attendaient ensemble devant cette ville, serait-il possible à nos jeunes troupes de triompher d'eux ? S'ils restaient séparés, n'était-ce pas une folle entreprise que de marcher vers Pithiviers, sans avoir d'abord écarté de soi la menace d'être attaqués en flanc ou en arrière par le grand duc de Mecklembourg ? Au reste, pour assaillir l'ennemi devant Pithiviers, on allait s'avancer à l'ouest par de vastes plaines, au sud dans un pays accidenté et boisé : n'était-ce pas lui ménager l'avantage d'une défense facile ? Aux yeux du général d'Aurelles, mieux eût valu grouper tous ces corps d'armée dispersés, les appuyer l'un sur l'autre, les affermir dans les positions qu'on avait préparées devant Orléans, et, dès la première occasion, les mener à la bataille en masses serrées et profondes :

(1) Les renseignements personnels que le général d'Aurelles a bien voulu nous donner assurent quelque crédit aux assertions contenues dans ces pages.

cette occasion, l'ennemi l'offrirait lui-même, quand il arriverait devant la forêt et les positions où l'on se fortifiait depuis quinze jours. Le général d'Aurelles connaissait ses troupes ; et c'est pour cela qu'une telle manœuvre l'effrayait. Malgré les chiffres fabuleux que M. Gambetta accumulait sur le papier, l'armée de la Loire n'avait guère plus de 145,000 combattants et de 280 canons (1). Or, l'ennemi amenait, avec plus de 120,000 soldats, 500 pièces d'artillerie environ. Sa cavalerie était nombreuse et vaillante ; les troupes se composaient de vétérans jusqu'ici victorieux et confiants dans leurs chefs : rien ne manquait à l'organisation de leur armée, pas même l'épreuve de la fortune. Considérons au contraire les cinq corps que M. Gambetta mettait en campagne. Deux d'entre eux, le 18e

---

(1) Cette évaluation de l'armée de la Loire n'est pas arbitraire : nous la devons au général d'Aurelles lui-même.

De leur côté, les Allemands calculaient nos forces avec plus d'exactitude qu'on ne consentait à le faire à Tours. Leurs journaux rapportaient que l'armée de la Loire comprenait 9 divisions d'infanterie, 24 brigades de 6000 hommes, c'est-à-dire 144000 fantassins. Selon eux, notre cavalerie, composée de deux divisions, avait 9000 chevaux. Avec son artillerie, l'armée de la Loire était forte de 153.000 hommes.

Quelque imposant que ce nombre leur parût, ils estimaient que leurs troupes, accrues par les renforts qu'elles n'avaient cessé de recevoir, avaient un effectif au moins égal à celui de l'armée française.

et le 20ᵉ, depuis peu de temps rassemblés sous les drapeaux, ne se formaient pas seulement de régiments inexpérimentés : discipline, équipement, ressources, rien n'y suffisait à la circonstance ; tous deux venaient de perdre une bataille à Beaune-la-Rolande, et tel avait été leur trouble dans la défaite que plusieurs de leurs divisions ne se sentaient plus capables en ce moment de se mesurer avec l'ennemi. A l'heure même où dans ses calculs de victoire, M. Gambetta s'exagérait si complaisamment leurs forces, le prince Frédéric-Charles se disposait à les négliger pour se ruer au centre de notre armée, tant il voyait en eux notre gauche affaiblie et impuissante ! Le 15ᵉ corps avait une solidité réelle ; dans le 16ᵉ, une division tout entière était encore inégale à ses devoirs ; quant au 17ᵉ, bien qu'il comprît quelques bataillons dignes d'être regardés comme une élite, il n'était ni complet ni aguerri : on y eût vu tout le désordre d'une création qui s'achevait. Fallait-il, avec une armée qui comptait plus d'hommes que de soldats, tenter une marche si difficile et poursuivre au loin l'occasion d'une offensive si aventureuse ? Les généraux ne le croyaient pas, et selon nous ils avaient raison d'hésiter. Ils l'eussent fait davantage encore, s'ils avaient su qu'en même temps que Frédéric-Charles poussait contre eux trois corps d'armée, le 3ᵉ, le 9ᵉ et le 10ᵉ, le grand duc de Mecklembourg déployait devant Chanzy le 1ᵉʳ corps d'armée bavarois, la 17ᵉ et la 22ᵉ divisions prussiennes, ainsi que deux divisions de cavalerie.

Quelle était donc l'illusion qui aveuglait à Tours les dictateurs de la guerre ? C'était la persuasion que l'ennemi avait le désavantage du nombre : on croyait avoir armé contre lui des multitudes invincibles. Car ce n'est pas seulement la victoire qu'à Tours on détermine sur les cartes ; c'est là aussi qu'on prétend le mieux connaître les projets des Prussiens, leurs nombres, leurs marches et leurs manœuvres. De son cabinet M. de Freycinet envoie aux généraux des renseignements erronés qui les abusent. Chanzy en reçoit qui sont tout-à-fait contraires à ceux de ses éclaireurs. Mais on les renouvelle, on insiste : il faut croire. Le jour même où M. de Freycinet vient au quartier général imposer son plan de campagne, il annonce à Chanzy que devant lui se trouvent seulement 20 à 25.000 hommes, « dont le gros paraît se diriger sur Toury en masquant son mouvement (1) » à l'aide de fausses attaques. Par malheur, alors qu'il lui énumère les forces du grand duc de Mecklembourg, le Délégué de la guerre oublie ou omet le corps bavarois et la moitié de la 22ᵉ division, c'est-à-dire 25.000 hommes au moins. Vers le même moment, M. de Freycinet adresse le même avis au général

(1) Voir aux Pièces justificatives, note 2.

d'Aurelles : il assure qu' « on n'aurait rien à craindre de sérieux sur la gauche, quelle que pût être la vivacité d'une attaque que l'ennemi dirigerait de ce côté. Cette attaque ne serait qu'une feinte destinée à masquer un mouvement vers l'est (1). » Ainsi, ceux qui de Tours dirigeaient nos généraux, croyaient voir tout aboutir à Pithiviers comme ils le souhaitaient : c'était à Pithiviers que Ducrot accourait ; c'était là que le grand duc de Mecklembourg se retirait à la hâte ; c'était là qu'attendait le prince Frédéric-Charles. On s'est dit à Tours que la plaine s'ouvre, vaste et presque sans obstacles, devant l'armée de la Loire. Qu'elle marche !....

Au résumé, un plan fondé sur des imaginations, un ensemble de calculs fantastiques, des ordres qui font ployer la volonté des généraux, leurs conseils méconnus et leur sagesse méprisée, des informations mensongères employées pour séduire leur obéissance, des informations inexactes pour les conduire, voilà les commencements de la campagne qu'on ordonne : graves erreurs et fautes funestes qui auront pour effets, en quelques journées, la défaite des trois corps d'armée que l'ennemi n'avait pas encore entamés, les sanglants sacrifices de Loigny et de Poupry, la perte d'Orléans, la dispersion de nos forces partagées et

(1) Voir aux Pièces justificatives note 3.

rompues, un amas de ruines nouvelles et le désespoir de la France.

Dans le mouvement qu'on imprimait à l'armée de la Loire, le 16ᵉ corps avait à pivoter autour du 15ᵉ : il fallait que, cessant de regarder Paris, il se tournât vers l'est et vînt faire face à Pithiviers, en s'établissant sur une ligne parallèle au chemin de fer d'Orléans à Étampes. C'était donc lui qui avait la route la plus longue à parcourir, et aussi les premiers dangers à braver. L'ennemi ne se cachait-il pas, devant lui, dans des positions mal connues encore? Dès la première étape, Chanzy n'aurait-il pas des combats à livrer? Moins confiants que les auteurs de ce plan de campagne, les généraux le présumaient. Aussi, le général d'Aurelles offrit-il au commandant du 16ᵉ corps toute l'assistance qui lui semblait nécessaire : il le laissa maître de régler pour le lendemain l'ordre de marche général. Chanzy ayant pris ses arrangements avec le chef d'état-major de l'armée de la Loire, il fut décidé que, le 1ᵉʳ décembre, le 16ᵉ corps remonterait vers Allaines, Janville et Toury : le 17ᵉ marcherait sur les traces du 16ᵉ et lui servirait de réserve. Le 15ᵉ corps à son tour se placerait, le 2 décembre, aux côtés du 16ᵉ : ce jour-là, sa 3ᵉ division camperait en avant de Santilly, la 2ᵉ aurait ses tentes de Ruan à Aschères, la 1ʳᵉ occuperait Neuville et Chilleurs. Chanzy espérait chasser l'ennemi, le 1ᵉʳ décembre, de Terminiers,

Villepion, Orgères et Loigny ; le lendemain, il prendrait ses positions à Allaines, Janville et Toury. Le 3, reliés l'un à l'autre, on ferait avancer vers Pithiviers le 15ᵉ et le 16ᵉ corps ; le 17ᵉ, restant derrière eux, pourrait les soutenir dans le combat ou couvrir Orléans, si l'ennemi tentait de le surprendre. Le même jour, les 18ᵉ et 20ᵉ corps essayeraient de se frayer un chemin vers Pithiviers par Beaune-la-Rolande et Beaumont. Ainsi, l'armée de la Loire se déploierait, tout entière et en même temps, autour de Pithiviers, pour l'envelopper dans un mouvement concentrique.

Toute la nuit les ordres se répandirent, pressants et multipliés, parmi les officiers du 16ᵉ corps. Avant la première lueur du jour, les régiments étaient déjà dans l'agitation du départ. Leur cœur battait : l'inaction avait donc cessé ? L'heure de la suprême bataille était donc venue ? Dans l'émotion qui les agitait, il y avait d'ailleurs plus de joie que d'anxiété : on sortait avec plaisir de ces campements, longtemps boueux, aujourd'hui glacés, où l'on souffrait les rigueurs de l'hiver dans l'ennui, le malaise et la maladie ; on se disait avec une allégresse où il y avait en ce moment un certain charme de nouveauté, qu'on allait enfin sentir la chaleur de la marche et du combat. Aussi, les soldats s'avançaient-ils gaiement à travers les terres durcies de la Beauce, toutes blanches, depuis le matin, d'un peu de neige qui les recouvrait. Quant aux généraux, ils veillaient avec quelque inquiétude ; car ils s'attendaient à une lutte plus prochaine et plus terrible qu'on ne le pensait à Tours. Déjà leurs reconnaissances signalaient un ennemi nombreux sur la ligne de Péronville à Terminiers ; puis, Chanzy apprenait que derrière ce voile de troupes, 20,000 Bavarois se massaient à Orgères, Villepion et Loigny : il allait les rencontrer sur sa gauche, et c'était sa première division, celle du brave amiral Jauréguiberry, qui de ce côté se heurterait à eux.

A dix heures, tout le 16ᵉ corps était en marche (1). En avant, le général Michel conduisait sa cavalerie vers Pruneville, Guillonville et Gommiers : il éclairait l'armée et la dérobait derrière ses chevaux à l'œil de l'ennemi : c'était la tactique même des Prussiens. Par centaines, les tirailleurs précédaient les troupes.

---

(1) Le 16ᵉ corps se composait des troupes suivantes :

1ʳᵉ division (JAURÉGUIBERRY). — 1ʳᵉ brigade (Bourdillon) : — 39ᵉ de marche ; 3ᵉ bat. chasseurs de marche ; 75ᵉ mobiles (Loir-et-Cher et Maine-et-Loire) ; — 2ᵉ brigade (Desplanque) ; 37ᵉ de marche ; 33ᵉ mobiles (Sarthe).

2ᵉ division (BARRY). — 1ʳᵉ brigade (Desmaisons) : — 7ᵉ bat. chasseurs ; 31ᵉ de marche ; 22ᵉ mobiles (Dordogne) ; — 2ᵉ brigade (Bérard) ; 38ᵉ de marche ; 66ᵉ mobiles (Mayenne).

3ᵉ division (MORANDY). — 1ʳᵉ brigade : 8ᵉ chass. de marche ; 36ᵉ de marche ; 8ᵉ mobiles (Charente-Infér.) ; — 2ᵉ brigade : 40ᵉ de marche ; 71ᵉ mobiles (Haute-Vienne).

En arrière, chaque division formait deux lignes en échiquier ; les bataillons, dans chaque brigade, s'avançaient en colonnes. L'amiral avait l'ordre d'être pour le soir au village de Terminiers ; le général Barry devait établir la 2e division entre Terminiers et Sougy, autour d'une ferme voisine de ce dernier endroit ; la 3e, sous le commandement du général Morandy, se dirigeait vers Sougy, pour occuper à la droite de ce village le pays qui s'étend le long de la route de Chartres à Orléans. Le 16e corps décrivait ainsi un mouvement oblique. Toutefois, l'amiral ne suivit point jusqu'au bout la route indiquée d'abord à sa division. Chanzy l'avait prévenu que l'ennemi, épiant sa marche vers l'extrême gauche, avait une attitude menaçante à Guillonville et à Gommiers : il fallait l'en chasser. L'amiral inclina donc de ce côté, et vers une heure de l'après-midi il aperçut l'ennemi autour de Guillonville.

Comme les troupes de l'amiral apparaissaient entre Muzelles et la ferme Guillard, et que les cavaliers du général Michel se montraient entre Muzelles et le village de Rouvray-Sainte-Croix, les Bavarois commencent le feu. Ils avaient posté leurs batteries devant Gommiers et Terminiers. Drus et adroitement lancés, leurs obus ont bientôt arrêté les régiments que le général Bourdillon menait sur la droite. En même temps, plusieurs escadrons se déployaient en face de la 2e brigade, celle que le général Desplanques conduisait sur la gauche : divisés en nombreux pelotons, ils inquiétaient sa marche ; déjà le pas de ses troupes s'était ralenti, et peu à peu il s'écartait de son but. L'amiral fit alors faire halte à toute sa division ; mais ce repos ne dura pas longtemps. Ses batteries sont pointées : nos obus sillonnent l'espace avec ceux de l'ennemi, et tandis qu'ils couvrent de leurs meurtriers éclats les abords de Gommiers et de Terminiers, tandis qu'ils frappent avec une heureuse précision les canons mêmes et les servants bavarois, les deux brigades recommencent à s'avancer. Avec le 2e bataillon du 39e de marche, le capitaine Sombret se précipite sur la ferme Guillard. Elle est pleine d'ennemis. Il les débusque malgré leur énergique résistance ; il les poursuit, dépasse les bâtiments, longe la lisière du petit bois dont elle s'abrite au nord, et résolument il entre dans la plaine. Le bataillon courait vers Gommiers, quand M. de Lambilly, chef d'état-major de l'amiral, arrive et crie de s'arrêter : ce vigilant et sagace officier venait de remarquer qu'un grand vide séparait les deux brigades. Pour fermer cette trouée, M. de Lambilly disperse les soldats sur le terrain où elle s'ouvre, et quand il juge assez large le déploiement des tirailleurs qu'il y répand : « Vous resterez ici, dit-il au capitaine Sombret, et vous tiendrez à tout prix. » L'ordre s'exécute : tout-à-l'heure haletants et comme emportés dans le vif élan de leur fougue, les soldats s'acquittent de ce devoir plus difficile à leur courage : ils font face aux Bavarois de Gommiers, et bravement, sans plier, ils supportent le feu de l'ennemi. Pendant ce délai, l'amiral averti leur envoyait, pour bien combler cet espace béant en occupant tout entière la ligne de bataille, le 3e bataillon de marche de chasseurs avec une batterie de 12 de la réserve. Déjà la cavalerie du général Michel passait au galop autour de la ferme Guillard et tournait à gauche vers Gommiers, tandis que ses canons foudroyaient ce village. De son côté, la batterie de 12, amenée à M. de Lambilly, tire à pleine volée sur ce même lieu, et tout-à-coup les canons bavarois s'y taisent. C'est l'heure de prendre Gommiers d'assaut. En avant ! s'écrient comme d'une même voix officiers et soldats. La terre s'anime. Les cavaliers se rapprochent de Gommiers sur la gauche ; les chasseurs vont l'aborder de front ; le capitaine Sombret mène son bataillon sur la droite. Mais sous cette brusque attaque l'ennemi se dérobe : voilà ses bleus fantassins et ses noires batteries qui s'enfuient vers Faverolles ! On avait lieu de s'applaudir de ce prompt succès : on se trouvait victorieusement au centre de la premiere ligne qu'avaient formée les Allemands, c'est-à-dire entre leurs postes de combat de Guillonville et de Terminiers. Les troupes qui occupaient ces deux villages devaient craindre qu'on ne les coupât de leur armée : aussi les unes abandonnèrent-elles sans retard Guillonville, le point le plus éloigné où l'infanterie bavaroise fût à ce moment, et les autres s'apprêtèrent à évacuer Terminiers (1).

Il était trois heures et demie environ. Partie de Pezelle, le matin, la 2ᵉ division (Barry) faisait une marche pénible : elle ne pouvait arriver que le soir aux campements qui lui étaient désignés entre Terminiers et Sougy. La 3ᵉ division était loin aussi ; elle cheminait alors entre Huêtre et Sougy. L'amiral n'avait donc à compter que sur lui-même. Or, les Bavarois s'étaient massés dans les villages de Faverolles, Villepion, Nonneville et la ferme de Chauvreux ; de là, leurs obus pleuvaient de nouveau sur nos soldats. L'amiral prend énergiquement son parti : le général Desplanques avec ses braves régiments, le 37ᵉ de marche et le 33ᵉ mobiles, marchera vers Nonneville et la ferme de Chauvreux, pour assaillir les Bavarois sur leur flanc droit ; de son côté, la 1ʳᵉ brigade enlèvera, sous les yeux de l'amiral, Faverolles et Villepion.

Le général Desplanques entrait à peine au hameau de Gaubert que l'ennemi déploie des forces considérables

---

(1) Terminiers fut occupé sans coup férir par le 3ᵉ bataillon du 39ᵉ de marche (commandant Déléonet). L'ennemi l'abandonna, dès qu'il vit approcher les tirailleurs de ce bataillon.

devant la ferme de Chauvreux. La brigade s'arrête. Le 37ᵉ a ses trois bataillons en face des Bavarois, sur la gauche ; c'est le 3ᵉ qui s'avance droit à Nonneville. Quant au 33ᵉ mobile (Sarthe), il accompagnait une batterie de 12, soutenait le 37ᵉ, et par son 2ᵉ bataillon se reliait aux troupes de la 1ʳᵉ brigade qui se dirigeait à cette même heure sur Faverolles. Il y eut là un long combat d'artillerie et de mousqueterie. En une heure les mobiles de la Sarthe brûlaient 8,000 cartouches ; le soir, le 3ᵉ bataillon du 37ᵉ en avait brûlé 49,284. C'était un feu effrayant. Peu à peu les Bavarois reculèrent ; la ferme de Chauvreux abandonnée, ils se concentrèrent à Nonneville. Ici une fusillade terrible recommença ; et pas à pas le 37ᵉ avança sur ce village. Son 3ᵉ bataillon n'était plus qu'à deux cents mètres des Bavarois qui défendaient Nonneville, quand soudain leurs projectiles semblèrent se multiplier, avec la mort, dans les rangs de nos soldats. L'ennemi par un dernier effort essayait de troubler son adversaire dans sa marche victorieuse. Cette résistance meurtrière cause parmi les assaillants un moment d'hésitation : il ne restait plus dans les trois bataillons du 37ᵉ qu'un officier dont le cheval n'eût pas été tué : c'était le capitaine adjudant-major Tollin. Pendant que le commandant Varlet affermit par son noble exemple le courage de ses soldats, Tollin va, sur son ordre, demander du renfort au général Desplanques. Plus un homme de réserve dans la brigade. Le général fait du moins placer à la gauche du 2ᵉ bataillon deux mitrailleuses dont les coups rapides épouvantent bientôt l'ennemi. Cependant, le commandant Varlet, que les capitaines Tollin, Laroche et Noyer secondent de leur vigoureuse bravoure, a de nouveau lancé ses soldats sur Nonneville. Les Bavarois battent en retraite derrière le village, et le 37ᵉ y entre à l'instant même où ils gagnent les champs (1). On ne trouva dans Nonneville qu'un chirugien allemand occupé à panser des blessés ; mais des armes et des vivres y avaient été laissés par les fuyards. A la gauche du village, les Allemands qui luttent avec le reste du régiment lui cèdent à leur tour le terrain. Toute la droite de l'ennemi est enfoncée : M. de Tann et son état-major rentrent à Orgères, dans la demi-obscurité qui déjà couvre la plaine. Le 3ᵉ bataillon du 37ᵉ se cantonne dans Nonneville ; les deux autres campent près de la route qui conduit à Orgères. Les mobiles de la Sarthe viennent s'y établir aussi ; le silence de la nuit commence : la victoire est complète de ce côté.

Pendant que la 2ᵉ brigade menait à si bonne fin cette laborieuse opération, la 1ʳᵉ accomplissait un travail non moins pénible et non moins glorieux.

---

(1) Le 37ᵉ eut plusieurs centaines d'hommes hors de combat, dans cette journée ; 6 de ses officiers furent tués ou blessés.

Aussitôt que Gommiers avait été pris l'amiral avait tourné son action vers Faverolles et Villepion, deux villages solidement fortifiés où les Bavarois étaient nombreux et d'où leurs batteries tonnaient sur nos troupes. Il eut la pensée hardie de confier à la cavalerie le soin d'en préparer l'attaque. Le général Michel accepte ce péril et cet honneur. Il laisse à Guillonville une brigade aux ordres du général de Tucé, pour garder notre gauche des escadrons prussiens qu'on signale du côté de Pruneville ; et lui-même, prenant le commandement des deux autres brigades, s'élance avec la vitesse d'un trait vers les deux villages. Il a six cents mètres à franchir pour atteindre les artilleurs bavarois et les troupes retranchées à Villepion et à Faverolles. Un galop rapide emporte les cavaliers (1). Cet ouragan de chevaux frappe la terre gelée d'un bruit qui résonne au loin. L'amiral le voit s'enfoncer un moment dans l'espace qui s'étend entre Faverolles et Villepion ; les soldats suivent d'un œil inquiet ce tourbillon d'hommes qui s'envole. Plusieurs fois, la batterie qui accompagne les cavaliers s'arrête, envoie ses obus et reprend sa course. De son côté,

(1) 1re brigade (Tripart) : 1er rég. de marche, hussards ; 2e mixte (cavalerie légère.)

2e brigade (Digard) : 6e lanciers ; 3e mixte (cavalerie légère).

l'ennemi tire à outrance. Une batterie qu'il a postée dans un champ entre les deux villages, lance sur les soldats du général Michel ses obus incertains ; mais la charge continue, rapide comme un vertige : quelques cavaliers tombent ; les rangs restent serrés. Cependant le général Michel ne veut pas pour ses hommes d'une mort inutile et folle. Comme il semblait courir au lieu même où l'attendaient les Bavarois, c'est-à-dire dans ce triangle de feu formé par leurs canons et les deux murs de fantassins qu'ils avaient aux bords des deux villages menacés, tout-à-coup la voix du général Michel retentit à travers les régiments : la large colonne oscille, incline à gauche vers Faverolles, passe semblable à l'éclair devant les Bavarois qui s'y trouvent, côtoie le village, le descend vers la droite, et débordant les jardins, s'apprête à s'abattre par derrière sur la batterie qu'elle avait tout-à-l'heure devant elle. L'énergique et habile manœuvre du général Michel, bien digne des cavaliers héroïques que la Prusse avait vus naguère à Reichsfoffen et à Sedan, frappa l'ennemi d'étonnement et d'effroi. La batterie ennemie se replie en toute hâte. Les fantassins s'abritent derrière les maisons crénelées. Mais quand nos cavaliers eurent cessé de traverser la plaine devant Faverolles, un autre spectacle s'offrit au regard des Bavarois : ils aperçurent deux colonnes d'infanterie qui s'avançaient au pas de charge, l'une sur Villepion, l'autre sur Faverolles. Là, c'est le

2ᵉ bataillon du 39ᵉ de marche avec son **capitaine Sombret**, le 1.ᵉʳ bataillon du même régiment (commandant Bourcart) et le 3ᵉ chasseurs à pied, auquel vient de se joindre le 2ᵉ bataillon de la Sarthe : ils arrivent sur Villepion avec leur batterie de 12 et une batterie de montagnes. L'amiral est au milieu d'eux, intrépide et calme : comme à Coulmiers, il se montre insouciant de la mort. C'est déjà pour ses troupiers le héros tranquille dont ils disent au bivouac qu'il faut toujours « le chercher là où le feu est le plus fort. » Ils l'admirent et ils l'aiment : ils le regardent serein et fier sous ce tonnerre de la bataille : selon leur parole, parole maintenant légendaire au 16ᵉ corps, « il navigue sur son petit cheval comme devant la tempête. » On le suit avec une sorte d'allégresse, par confiance. Avec lui, on se jette à travers les balles des Bavarois sur le parc du château de Villepion ; on l'emporte d'assaut avec un irrésistible élan ; les troupes escaladent de toutes parts les murs de l'enclos. « Il s'en fallut même de très-peu qu'une batterie ennemie postée en avant de l'entrée principale du château de Villepion ne fût enlevée par les chasseurs à pied » (1). Les Bavarois

---

(1) Ces lignes sont empruntées au rapport que l'amiral adressa le lendemain au général Chanzy ; je dois à l'obligeance de la famille de M. de Lambilly, chef d'état-major de l'amiral, la communication des rapports jusqu'à présent inédits que Jauréguiberry a écrits pendant toute la campagne. J'y ai trouvé les plus précieux renseignements.

laissèrent de nombreux blessés dans le château ; on leur avait fait 40 prisonniers, dont 2 officiers (1).

Plus bas, le 75ᵉ mobiles (Loir-et-Cher et Maine-et-Loire) et le 3ᵉ bataillon du 39ᵉ (2) avaient eu la même impétuosité : ils avaient pris Faverolles à la baïonnette, en y faisant également des prisonniers.

Quand la nuit tomba, il ne restait à l'ennemi aucune des positions qu'on avait attaquées. La 1ʳᵉ dvision était venue des environs de St-Péravy s'établir à Nonneville, Faverolles et Villepion ; elle avait parcouru plus de trois lieues en combattant ; elle avait été au feu, près de cinq heures, seule contre le corps d'armée du général de Tann ; elle avait chassé l'ennemi de six villages et un hameau, dont quatre avaient été enlevés de vive force. Rien n'avait terni l'éclat de la victoire. L'amiral et sa division avaient donc bien mérité les récompenses du lendemain : on les mit à l'ordre du jour de l'armée, et le général Chanzy fut nommé grand officier de la Légion-d'Honneur.

Heureuse et noble journée ! Les troupes de l'amiral

---

(1) Sur plus d'un point la lutte fut acharnée. Dans une seule ferme, à Villepion, on ramassa 94 morts. Le 39ᵉ de ligne eut 2 officiers et environ 60 soldats hors de combat. Devant Faverolles, le 75ᵉ mobiles fit des pertes assez sensibles : le capitaine Morin fut blessé mortellement ; le lieutenant De Lombre reçut une balle au genou.

(2) C'est le 75ᵉ mobiles qui attaqua Faverolles de front, le 3ᵉ bataillon du 39ᵉ se porta sur le flanc droit de la position.

couchaient sur des campements conquis bien au-delà des positions que l'ordre de marche leur assignait, le matin. Lorsque Chanzy, par une dépêche (1) simple et véridique, annonça cette nouvelle au gouvernement de Tours, on dût s'y féliciter, comme si ce premier succès garantissait la fortune du jour suivant. Quant à la pauvre France, elle tressaillit d'une juste joie : le combat de Villepion lui donnait la même consolation que la bataille de Coulmiers : la gloire de ses armes ne reluisait-elle pas comme autrefois ? Ne recouvrait-elle pas le droit d'espérer et de prévoir ?

Dans le cœur des peuples désespérés, les victoires qui succèdent tout-à-coup aux grands revers peuvent produire la confiance qui perd aussi bien que la confiance qui sauve. Le soir du combat de Villepion, à la vue de ses armes triomphantes, l'armée de la Loire eut l'âme troublée par son bonheur : elle conçut cet espoir qui rend l'orgueil imprudent, elle eut cet orgueil qui rend l'espoir téméraire. Généraux et soldats, combien crurent invincibles désormais les troupes qui continuaient la gloire de Coulmiers par celle de Villepion ! Et puis, la fortune vint ajouter à ce contentement naturel l'ivresse du patriotisme exalté par le succès. Dans l'après-midi, le général d'Aurelles recevait de Tours l'assurance formelle de ces grands événements

---

(1) Voir aux Pièces justificatives, note 4.

que M. de Freycinet semblait connaître la veille : on lui annonçait que les lignes prussiennes étaient rompues et que Ducrot occupait la Marne. Aussitôt, le général en chef adresse cette nouvelle à tous ses lieutenants, dans l'ordre du jour que voici (1) :

1er *décembre 1870, à 5 heures 35 minutes du soir.*

« Officiers, sous-officiers et soldats de l'armée de la Loire,

« Paris, par un sublime effort de courage et de patriotisme, a rompu les lignes prussiennes. Le général Ducrot, à la tête de son armée, marche vers nous. Marchons vers lui avec l'élan dont l'armée de Paris nous donne l'exemple.

« Je fais appel aux sentiments de tous, des généraux comme des soldats.

« Nous pouvons sauver la France. Vous avez devant vous cette armée prussienne que vous venez de vaincre devant Orléans ; vous la vaincrez encore.

« Marchons donc avec résolution et confiance ! En avant, sans calculer le danger ! Dieu protège la France ! »

---

(1) Cet ordre du jour fut envoyé du quartier-général de Saint-Jean-de-la-Ruelle aux généraux Des Pallières, Chanzy, De Sonis, Bourbaki, Crouzat, Martineau et Peitavin. On pourra remarquer qu'il leur parvint presque deux heures avant que M. Gambetta ne télégraphiât aux préfets sa fameuse circulaire, celle-ci n'étant datée que de 8 heures du soir.

Quelques heures plus tard, une dépêche directe de M. de Freycinet porte ces mots à chacun des généraux qui commandaient les cinq corps d'armée :

Tours, 1ᵉʳ décembre 1870, à 8 heures 55 minutes du soir.

« Grande victoire à Paris, avec sortie du général Ducrot, qui occupe la Marne. Le général en chef d'Aurelles vous donnera des instructions en rapport avec ce grand événement. »

Le gouvernement de Tours affirmait que Ducrot victorieux marchait à la rencontre de l'armée de la Loire (1). La foi que mérite cette nouvelle (2), où chacun entrevoit la patrie délivrée, passe aussitôt

---

(1) Le général d'Aurelles, dans un billet envoyé par un exprès, fait connaître en ces termes à l'évêque d'Orléans les nouvelles qu'on lui transmet de Tours : « Monseigneur, le 16ᵉ corps de l'armée de la Loire a obtenu hier un brillant succès ; il a combattu depuis midi jusqu'à six heures du soir. L'armée de la Loire part aujourd'hui pour *marcher au devant de l'armée du général Ducrot qui a rompu les lignes prussiennes à Paris*, et qui se dirige vers nous. Priez, Monseigneur, pour le salut de la France. »

(2) Le lendemain matin, 2 décembre, la France entière lisait ces mots dans la proclamation de M. Gambetta : « Nos deux grandes armées marchent à la rencontre l'une de l'autre. »

Le même jour, à quatre heures du soir, M. Gambetta parle de l'arrivée de Ducrot dans une dépêche où il dit au général d'Aurelles que l'ennemi cherchera uniquement à masquer son mouvement vers le nord-est à la rencontre de Ducrot. » Il en raisonne comme d'un fait certain. [Voir aux Pièces justificatives, note 5.]

de cœur en cœur, généreuse et rapide. D'Aurelles commence à douter des craintes qui l'inquiétaient la veille : Dieu maintenant lui semble être avec la France ; le général croit entendre le canon de Ducrot qui l'appelle ; le péril est menaçant encore à ses yeux ; mais c'est l'heure suprême ; il donne toute la nuit des ordres pour s'avancer vers Fontainebleau, par Pithiviers. La fortune, complice du gouvernement de Tours, lui paraissait se prêter elle-même, par cette faveur inattendue, au plan de M. Freycinet.

Les espions du général d'Aurelles s'étaient glissés depuis longtemps dans la campagne, sur la route de Fontainebleau, chargés de s'aboucher avec le général Ducrot et de prendre ses instructions, quand les soldats du 16e corps, à leur réveil, apprirent à leur tour que l'armée de Paris arrivait et que l'armée de la Loire allait bientôt la rejoindre. Sur des billets écrits au crayon entre quatre et cinq heures du matin, les officiers se communiquent ainsi l'heureuse nouvelle : « Grande victoire par le général Ducrot, qui a forcé les lignes ennemies (1). » Quelques-uns ajoutent que, le 6, l'armée de Paris sera campée à Fontainebleau. L'enthousiasme des soldats ne sait comment s'exprimer. Les uns dansent le fusil au bras ; les autres pleurent ; on crie, on agite les képis. Vive la France !

(1) Nous copions cette note sur un billet gardé alors par un capitaine du 37e de marche.

Un dernier effort va tout finir. Et dans la joie qui les abuse, ils précipitent les préparatifs du départ. Pauvres gens ! ce soir la mort, la défaite, la captivité ou la fuite les aura détrompés...

La confiance, dont cette nouvelle anima le 16ᵉ corps, y fut perfide hélas ! à tous les courages : elle les rendit présomptueux. Dans son ordre de marche Chanzy déclare que « l'ennemi, partout repoussé, opère sa retraite dans la direction de Janville et de Toury ; on n'a qu'à le poursuivre vigoureusement. » M. Gambetta se complaît dans l'illusion dont il se caresse depuis quelques jours : il ne juge pas possible que l'armée prussienne ose ou veuille résister à l'armée de la Loire ; et dans l'après-midi de cette fatale journée, à l'heure même où tant de braves périssaient devant Loigny en flammes, il écrivait au général d'Aurelles : « D'après l'ensemble de mes renseignements, je ne crois pas que vous trouviez à Pithiviers, ni sur les autres points, une résistance prolongée. Selon moi, l'ennemi cherchera uniquement à masquer son mouvement vers le nord-est, à la rencontre de Ducrot ; la colonne à laquelle vous avez eu affaire hier, et peut-être aujourd'hui, n'est sans doute qu'une fraction isolée qui cherche à nous retarder. Mais je le répète, le gros doit filer vers Corbeil (1). » Cette erreur,

---

(1) Voir aux Pièces justificatives, note 5.

commise à Tours, fut-elle également commise devant l'ennemi ? La bravoure des vainqueurs de Villepion, devenue vaniteuse et méprisante, comptait-elle aujourd'hui se passer de vigilance ? On le présume, quand on songe aux précautions qui furent omises le matin du 2 décembre. On néglige les avis alarmants ; on oublie d'éclairer par de profondes reconnaissances le terrain qu'on va tout à l'heure parcourir ; on omet donc le soin qu'on avait pris le jour précédent, avant de s'être éloignés de Patay. On pousse en avant, comme si l'on ne devait avoir que des vaincus à chasser de village en village. On prétend que l'ennemi, ayant reculé la veille, reculera encore. Chanzy se montre rassuré. Quand à neuf heures, le général de Sonis, commandant le 17 corps, offre de l'accompagner sans retard avec la brigade qu'il a sous ses ordres à Patay, Chanzy répond : « Soyez sans crainte, nous coucherons ce soir à Toury ; » et deux heures encore il séjourne à Patay. Faut-il le dire ? L'amiral Jauréguiberry lui-même se laisse décevoir par cette trompeuse confiance : il se refuse à redouter sur sa route aucun obstacle qui le puisse arrêter.

La certitude de vaincre régnait ainsi dans l'esprit des chefs et des soldats, au moment où commencèrent les opérations.

D'après les ordres qu'avait distribués le chef du 16ᵉ corps, la 1ʳᵉ division, qui était celle de l'amiral, devait rester en réserve derrière la 2ᵉ : elle en suivrait tous les mouvements à une distance de deux kilomètres ; le soir, elle établirait ses campements à Janville, en avant de ce bourg. C'était à la 2ᵉ division, commandée par le général Barry, qu'on destinait le principal rôle dans la bataille : il lui était enjoint de dépasser Loigny et de mener ses troupes à Tillay-le-Peneux, en dirigeant sa 1ʳᵉ brigade sur le château de Goury et sa 2ᵉ sur la ferme de Morale et sur Villeprévost ; on voulait qu'à la tombée du jour, il fût entré dans Toury. Quant à la division Morandy, c'est-à-dire la 3ᵉ, elle allait former la droite du 16ᵉ corps dans le mouvement oblique qui le portait vers Pithiviers. De Sougy, il lui fallait gagner Lumeau et Baigneaux. Elle avait pour objectif le village de Poinville qui se trouve sur la même ligne que Janville. Enfin, Chanzy envoyait sa division de cavalerie à la gauche de son armée ; il lui donnait pour soutien les francs-tireurs de Lipowski et de Foudras : qu'elle traversât Orgères ou qu'elle passât par le hameau de la Maladrerie, il voulait que, le soir, elle eût ses bivouacs au Puiset, derrière Janville. Le 16ᵉ corps tournait donc sur l'armée de la Loire : à la fin de la journée, il se devait établir tout entier le long du chemin de fer d'Orléans à Paris. Le 17ᵉ corps marcherait à sa suite. De son côté, le 15ᵉ corps s'avancerait jusqu'à Aschères, Ruan et Santilly, en se reliant aux troupes du 16ᵉ.

Tel était le dessein des Français, et les Allemands semblaient tout-à-fait l'ignorer. Les généraux ennemis n'avaient pu supposer que, sous l'empire de M. Gambetta et sur la foi de ses fausses nouvelles, l'armée de la Loire se dirigeât vers l'est et Pithiviers. Ils s'imaginaient donc qu'elle voulait percer leur droite, afin d'atteindre Chartres par la route qui de Cormainville y mène directement. Selon eux, le général d'Aurelles n'avait fait, sur leur gauche, que des attaques simulées ; c'était par feinte qu'il avait paru prêt à rompre leurs lignes, à Beaune-la-Rolande et à Mézières. D'après leurs informations ou leurs calculs, le général français avait ramené de la forêt toutes ses troupes disponibles ; il les avait massées derrière Artenay ; on allait les voir déboucher de Chevilly et prendre le chemin de Chartres. Le combat de Villepion eut pour effet d'accréditer encore cette pensée dans l'esprit de l'ennemi : son échec l'effraya ; il crut y comprendre clairement que les Français commençaient avec leur aile gauche un mouvement tournant où ils envelopperaient l'armée du grand duc de Mecklembourg. Pour prévenir les périls d'une telle manœuvre, on donna l'ordre au grand duc d'attaquer, le 2 décembre, avec toutes ses forces, et voici les dispositions qu'il prit. Les Bavarois, réunis autour d'Orgères, la Maladrerie et Tanon, devaient laisser venir les Français. Pendant qu'ils supporteraient le choc, la 17ᵉ division prussienne (von Treskow) arriverait à Santilly et de là descendrait vers Lumeau : alors elle infléchirait à sa droite et viendrait prendre l'ennemi en flanc. A côté d'elle, vers l'est, la 22ᵉ division (von Wittich) se porterait jusqu'à Poupry : là, elle pourrait soit contenir les Français, s'ils s'avançaient de ce côté, soit se jeter sur leurs derrières et compléter l'œuvre de von Treskow. Le Grand duc plaçait à sa droite la cavalerie du prince Albert (4ᵉ division) : elle essaierait de tourner l'armée de la Loire par Cormainville. Il avait à sa gauche, c'est-à-dire à l'est de la 22ᵉ division, les trois brigades de cavalerie que commandait le comte de Stolberg : elles avaient la mission de soutenir l'infanterie de von Wittich et de maintenir les communications du Grand duc avec le prince Frédéric-Charles.

Ainsi, les vues des deux adversaires étaient bien différentes. Les Allemands nous attendaient autour d'Orgères ; les Français marchaient vers Janville. L'ennemi estimait que notre objectif, c'était Chartres, à l'ouest ; en réalité, c'était Pithiviers, à l'est. Dans leur science militaire, les Allemands nous attribuaient le plan le plus habile qu'il nous importât de concevoir. Heureux nos généraux, si, libres de leurs résolutions, ils avaient pu, non pas courir à l'aventure vers cette vallée de la Marne où, d'un signe de commandement, le doigt de M. Gambetta les guidait, mais pénétrer entre le Grand duc de Mecklembourg et Frédéric-Charles, séparer son aile droite du centre, frapper et disjoindre ses divisions alors trop peu serrées, et enfin menacer Chartres, position où l'armée de la Loire victorieuse n'eût pu paraître sans troubler les combinaisons de Frédéric-Charles, d'une part, et de l'autre sans jeter l'émoi devant Paris, au sein de l'armée assiégeante ! La journée du 2 décembre leur en offrit encore l'occasion. Le Grand duc, dans ses dispositions stratégiques, avait fait à la fois une méprise et une faute : il s'était trompé sur le projet des Français dont la direction était toute contraire à celle qu'il prévoyait; de plus, dans la double marche de flanc qu'il ordonnait à von Treskow et à von Wittich, il avait eu le tort de laisser un trop large intervalle entre le corps bavarois et la division von Treskow : d'Orgères et du château de Goury où les Bavarois se portèrent, jusqu'à Santilly où von Treskow se rendait, il y avait un vide béant de plusieurs lieues. Que Chanzy entrâ, de huit à onze heures dans cette trouée, le corps bavarois et la cavalerie du prince Albert étaient rejetés à l'ouest : avec l'appui du 17e corps, le lendemain on achevait la ruine de ces forces désunies des autres ; avec celui du 15e corps, on mettait en déroute les troupes de von Treskow et de von Wittich. Deux fois la fortune du combat prouva qu'on l'aurait pu : vers midi, le Grand duc de Mecklembourg crut les Bavarois cernés dans le château de Goury, ils parurent séparés de la 17e division, eux-mêmes se jugèrent perdus ; d'un autre côté, vers deux heures, la 22e division prussienne ne se reliait plus à la 17e, et le 15e corps (division Peitavin) eut un instant la possibilité de battre von Wittich, en rompant les faibles liens qui l'attachaient vers sa droite et sa gauche à l'armée de nos ennemis. Par malheur, nos généraux n'aperçurent pas cette situation ou n'en profitèrent point ; et parmi les difficultés qui les en empêchèrent, il faut surtout compter les renseignements erronnés qu'ils avaient reçus de Tours même, et l'ordre de marche qu'ils avaient dû adopter pour se conformer au plan de M. Gambetta.

Ce n'est pas seulement au point de vue d'un stratégiste que les deux armées se trouvaient dans des conditions très-variables : chacune se déployait sur un terrain différent ; de part et d'autre, le pays ne présentait ni le même aspect ni le même avantage. Aux Allemands un horizon de bois et de châteaux qui les cache : ils sont sur cette ligne où le plateau de la Beauce remonte un peu, par des ondulations étendues et multipliées. Voilà Orgères avec ses toits qui se dessinent sur le sombre fond de chênes et d'ormes dont un bouquet entoure Fealé et dont une large masse couvre le château de Cambrai. Un long rideau d'arbres, aux yeux du voyageur qui vient de Patay, s'élève aussi autour de Tanon, dans le parc de Villeprévost et derrière les antiques pavillons du château de Goury : aux Allemands ce voile de bosquets et de murailles. Voici Lumeau qu'une vaste plaine, dont la surface s'arrondit, sépare de Goury : au nord, toujours des bois qui couronnent ces terres nues : c'est là-bas Bazoches-les-Hautes, d'où les Allemands découvrent à une assez grande distance la région où s'avance leur ennemi ; même en cette saison d'hiver, Bazoches semble de loin reposer tranquille et silencieux sous l'abri d'une épaisse futaie. Lumeau lui-même s'appuie sur un bois. De Lumeau à Poupry, la route côtoie d'abord la clairière que Bazoches limite à l'horizon ; puis vers Auneux, elle s'enserre soit entre les plantations qui de toutes parts forment sur les champs voisins leurs ilots de verdure, soit entre les arbres dont les files la bordent non loin de Poupry. Ici encore des bois qui se dressent au nord en s'étendant vers Dambron : von Wittich saura s'en protéger. Quand on a dépassé Poupry, on n'aperçoit plus jusqu'aux pieds d'Artenay qu'une campagne plate où, sans moissons, l'immensité attriste. Partout l'armée allemande se dissimule dans un horizon, court et ombragé pour le regard du général français qui le contemple. Les soldats de Chanzy, au contraire, n'ont sous leur pas, devant les villages de Nonneville, de Villepion, de Faverolles, de Terminiers et de Sougy d'où ils vont partir, qu'une terre unie, sans arbres et sans fossés, presque toujours plane, qui de loin en loin seulement se recourbe en d'insensibles replis dont l'enfoncement ne peut suffire à la défense des hommes. Désavantage dont le 16ᵉ corps, hélas ! ne devait que trop cruellement souffrir....

Campées à Nonneville, Villepion et Faverolles, c'étaient les troupes de la 1ʳᵉ division (amiral Jauréguiberry) qui se trouvaient les plus proches de l'ennemi. Bien qu'exténuées, le soir du 1ᵉʳ décembre, par la fatigue du combat et du chemin, elles n'avaient guère eu de repos : presque jusqu'au matin, il avait fallu passer le temps à distribuer des vivres et des munitions. Quelle nuit ! Du haut d'un ciel sans nuage, la lune éclairait vivement l'immense plaine à peine noircie çà et là par l'ombre d'une ferme ou d'un village. Le froid était atroce, et pourtant les grand'-gardes avaient l'ordre de rester debout, de ne pas camper et de n'avoir point de bivouac. Le 16ᵉ corps était tout entier plongé dans le silence. Mais pendant ce temps l'ennemi veille et s'agite ; il a allumé devant Orgères et derrière Loigny des feux extraordinaires dont la flamme semble monter jusqu'au firmament. Est-ce une retraite ? se demandent les sentinelles et les officiers qui viennent considérer cet horizon tout illuminé. D'ailleurs, un grand bruit arrive du côté des Allemands ; sur la terre dure et sonore on entend rouler, de loin et continuellement, l'artillerie de l'ennemi et les chariots de ses convois. Mais ce n'est pas a retraite qui se prépare : M. de Tann appelle les renforts, dispose ses batteries et place ses troupes. Quand paraîtra la lumière du jour, il sera prêt pour le combat.

Le signal du départ est donné. Le 16ᵉ corps s'avance, dans la demi-obscurité du matin, à travers les sillons raboteux, dans ces vastes terres de la Beauce qu'en ce moment la gelée durcit et que le frimas argente. Les troupes se sont mises en marche avec une allégresse qui leur rend légers le poids de leurs armes et la pensée du combat : « Nous allons à Paris ! » disent-ils aux gens des villages qu'ils quittent. Comme si la nature elle-même voulût sourire à ces espérances, un soleil brillant se leva sur la campagne. Tout le monde était ému : on pressentait que la bataille serait la lutte suprême ; mais tout le monde avait cette joie qui vient de la confiance. A peine la 1ʳᵉ division avait-elle fait quelques pas qu'un spectacle, affreux même pour une armée victorieuse, affreux surtout pour une armée qui s'éveille, frappe les yeux dans la plaine : c'est celui de nombreux cadavres que, la veille, l'ennemi y laissait épars. Dans sa retraite, il n'avait pas eu le temps de relever ses blessés : ils étaient donc là, gisants chacun à l'endroit où il s'était traîné, étendus où la mort les avait renversés ; et plus d'un avait dû y périr de froid. Plus loin, sur la ligne d'Orgères à Loigny, on apercevait, paradant à douze cents mètres environ, d'immenses reconnaissances de cavaliers bavarois et prussiens. Il était neuf heures. Sur la droite, l'amiral entend tout-à-coup le bruit d'une fusillade : la bataille a commencé.

C'était, au centre, le feu de la division Barry aux prises avec les Bavarois. Le général de Tann s'était aperçu tout de suite que les Français, au lieu de gagner Orgères où il les attendait, s'avançaient entre Loigny et Lumeau, comme s'ils eussent voulu par cette manœuvre s'introduire entre son corps d'armée et la 17e division prussienne. Pour leur barrer le passage, il avait à la hâte envoyé sa 1re brigade au château de Goury : elle en avait occupé les nombreux bâtiments, et crénelant au sud et à l'ouest les murs épais du grand parc qui l'enclot, ils avaient pu derrière ces fortifications arrêter soudain la marche de la 2e division. Bientôt, revenus de leur surprise, les soldats de Barry s'élancent, et de nouveau ils s'arrêtent sous les obus et les balles de l'ennemi. Puis ils reprennent leur course : les Bavarois les voient approcher si près et redoutent à un tel point l'assaut, qu'ils vont céder et s'enfuir. Mais M. de Tann alarmé pourvoit à leur détresse : sa 2e brigade vient au pas de charge les secourir. Le combat se rétablit donc. Barry a maintenant quatre régiments devant les cinq qu'il commande. Il est dans une plaine où rien, pas même un buisson, n'abrite ses hommes. Cependant, des meurtrières, des fenêtres et de tous les points du château éclate un feu terrible ; et déjà l'ennemi a des tirailleurs et une batterie dans la ferme de Beauvilliers d'où leurs coups frappent la 1e division Barry sur son flanc gauche. Elle se trouble : la terreur a confondu ses rangs ; elle recule, abandonne le terrain et vient, vers dix heures, se réfugier derrière Loigny, dans un désordre indescriptible.

Pour réparer cet échec, la division Jauréguiberry marche au combat ; et c'est la brigade Bourdillon que l'amiral charge de prendre devant Goury les positions toutes sanglantes encore d'où s'enfuient les troupes du général Barry. Le 39e de marche se déploie bientôt en avant de la ferme Fougeu et près de la ferme Morale : ses trois bataillons s'avancent vers le parc de Goury et le petit bois qui se dresse derrière Beauvilliers. A leurs côtés, le 3e bataillon de chasseurs accourt vers le château de Goury. Malgré les obus dont les couvre la batterie qui tire de Beauvilliers, malgré la fusillade qui pétille devant le parc de Villeprévost où des tirailleurs bavarois se sont postés au bois des Noisettes, malgré le feu qui part des murs de Goury, ces braves régiments ne s'arrêtent pas dans leur élan ; ils s'éparpillent et avancent. A leur tour les défenseurs de Goury souffrent de grandes pertes : à peine ont-ils soutenu l'attaque un quart-d'heure que déjà faiblit leur résistance : leur 1re division sera dans quelques instants anéantie ou prisonnière. Mais les Français ignorent leur avantage, et M. de Tann effrayé envoie la 3ᵉ et la 4ᵉ brigade (1) au secours des deux autres. Le général Rudolf von der Tann, son frère, est dans le château, excitant ses Bavarois à le bien défendre. Les deux brigades qu'on amène sauvent leurs compagnons d'armes sur le point de succomber. Elles-mêmes se précipitent sur les intrépides régiments qui leur tiennent tête. Mais elles n'auront pas été loin dans la plaine où elles se risquent. Les 39ᵉ et le 3ᵉ chasseurs unissent sur elles les décharges de leur fusillade ; les canons du général Bourdillon, cachés au ras du sol derrière un repli de terrain, les criblent de leurs obus ; nos mitrailleuses les déciment : les Bavarois tombent par rangées les uns sur les autres ; leurs brigades regagnent donc les abris du parc et du château. Protégées par ces fortifications, les troupes du général de Tann réussissent à contenir les Français, sans pouvoir les ébranler. Sur ces entrefaites, un renfort nous survient : c'est le 75ᵉ mobiles (Loir-et-Cher et Maine-et-Loire) qui, retardé quelque temps dans sa marche, se met enfin en ligne à la droite de Loigny. Bien que la batterie, qui l'accompagnait d'abord, se retire au trot au lieu de le suivre devant Goury, le 75ᵉ se jette sur le château. Sa généreuse

(1) La 4ᵉ brigade comprenait le 10 rég. d'infanterie, le 13ᵉ, et un bataillon de chasseurs.

bravoure n'a pu pourtant s'en emparer. En vain les trois régiments de la brigade Bourdillon se battent-t-ils comme de vieilles troupes : dans la position désavantageuse où ils sont, ils ne peuvent que maintenir le combat, et les Bavarois eux-mêmes sont impuissants à rien faire de plus.

Cependant, à la faveur des hauts bâtiments qui s'élèvent à Goury et du petit bois qui en est voisin, le général de Tann fait sortir la 2e brigade, et la conduisant à la route d'Orgères, il la ramène sur sa droite où il craint un mouvement tournant. C'est qu'il venait de voir un régiment français, le 37e de marche (brigade Desplanques) assaillir la ferme de Morale et s'y établir en un instant. Soucieux de cet événement, M. de Tann amasse des troupes et des canons en face de Morale : il appréhende que le régiment français dépasse sa conquête, et il parvient, grâce à son artillerie, à l'y retenir. Des renforts commencent d'ailleurs à l'appuyer. Avide d'échapper à la situation si périlleuse où il se trouve, il prépare la manœuvre que les Prussiens ont tant de fois pratiquée dans cette campagne : les troupes qu'il a sur sa droite changent leur ordre de bataille pour attaquer en flanc la gauche des Français. Il les assemble devant les bois et le château de Cambrai, il les dispose en équerre et range à côté d'elles les cavaliers du prince Albert. L'amiral et son état-major les observent ; de loin, ils distinguent ces mouvements. Pour y faire face, l'amiral use de la même tactique : une partie de ses canons et le 33e mobiles (Sarthe) se tournent vers la gauche, sur une ligne parallèle à celle des Allemands. La manœuvre de M. de Tann ne surprendra donc pas la 1re division, avant qu'elle ait organisé sa résistance. Toutefois elle a déjà pour l'ennemi un effet utile, car elle empêche la brigade Desplanques de se porter tout entière et victorieusement de Morale sur Villeprévost, d'où elle devait descendre au nord de Goury, ce qui en eût assuré la prise.

Il est midi. La 1re division se bat d'Orgères à Goury, et tandis que la cavalerie du 16e corps erre comme au hasard dans la plaine, tandis que la 2e division cherche vainement à se rallier, c'est cette ligne de jeunes troupes intrépides qu'il faut suivre d'un œil attentif : l'honneur de la France est là, durant cette lamentable journée.

Sur la plaine mollement recourbée qui s'étend entre Orgères, la ferme de Villerand et Loigny, les mobiles de la Sarthe (33e) sont en marche ; et bien qu'un feu violent d'artillerie les accable, ils n'ont pas bronché. L'amiral que rien n'effraie veut qu'ils aillent enlever une batterie qui s'est postée entre la Maladrerie et Loigny. Tentative irréalisable. Cependant le régiment va droit où s'élève la blanche fumée des canons Bavarois. Le spectacle de cette terre, déserte il y a quelques heures, mais où la déroute et la mort ont maintenant semé les hommes, ne l'épouvante pas. Il laisse sans s'émouvoir, les fuyards et les blessés traverser ses rangs. Un de ses fourriers arrête, il est vrai, un capitaine d'infanterie qui passe en courant, mais c'est pour lui montrer l'ennemi et lui dire : « Vous vous trompez, mon capitaine ; c'est par là qu'il faut aller. » Lourds, tenaces et vigoureux, les mobiles de la Sarthe s'avancent en ordre sous les obus ; ils ne sont plus qu'à une portée de mousqueterie : leurs fusils se font entendre à leur tour, et les Bavarois reculent. Pendant une heure ils gagnent ainsi du terrain. A la fin, M. de Tann appelle de nouveaux canons. Contraint de reculer, le 33° remonte au pas le terrain conquis tout à l'heure ; il se replie, les rangs formés comme à la manœuvre, dans un si bel ordre que l'admiration de l'amiral s'en émeut et, pour ainsi dire, s'en étonne. Souvent, on suspend la retraite, et on reprend la marche en avant : on essaie l'offensive, et l'ennemi cède aussitôt. Dans un de ces moments héroïques où le régiment brave les boulets innombrables des Allemands, le jeune duc de Luynes excite avec gaité la compagnie dont il est le capitaine à ne pas baisser le front devant la menace : « Allons, dit-il à ses soldats, en leur montrant de son épée les obus qui volent dans l'air, ça ne fait pas de mal ! En avant ! » Comme il venait de parler, un de ces obus qu'il défiait lui enlève la tête. Dans la mort, il n'a pas eu le temps de sentir qu'elle fait mal. Trépas digne, au reste, de son grand nom ! Sacrifice douloureux et noble ! M. de Luynes avait quitté une femme et deux petits enfants ; et près de lui, sous le drapeau du même régiment, servaient son frère, Paul de Chevreuse, et son beau-frère, M. de Sabran... Les batteries bavaroises tiraient avec fureur : les hommes tombent, la terre se couvre de blessés, mais le régiment tient ferme : la masse reste compacte et docile à ses chefs. Pour tout dire, le 33e mobiles n'avait pas, en deux heures, reculé de plus d'un kilomètre : son jeune lieutenant-colonel, Henri de la Touanne, avait le droit d'en être fier....

Devant Goury, la lutte continuait opiniâtre et terrible : de part et d'autre, on mourait sans se vaincre. Le 39e de marche avait un instant pénétré dans le parc du château, conduit par son lieutenant-colonel, Paul Péreira. Mais un feu écrasant d'artillerie et de mousqueterie avait comme broyé ses trois bataillons. Paul Péreira avait son cheval tué sous lui ; une balle le contusionnait ; et près de lui, le capitaine Sombret était frappé d'un coup semblable ; le commandant Déléonet tombait grièvement blessé ; les soldats périssaient en foule : le 39e ne peut pas garder sa conquête. Cependant M. de Tann était en proie à la plus anxieuse inquiétude : il voyait le château de Goury presque bloqué, la canonnade des Français s'étendant jusqu'à la Maladrerie, tout le terrain autour de Loigny en leur possession depuis le matin, ses trois brigades tout-à-l'heure cernées dans Goury, et une partie de son artillerie comprise dans la ligne qui enveloppait ses troupes. Désespéré, il adresse un dernier appel au cœur de ses trois brigades ; il leur demande un suprême effort ; ses officiers vont leur dire qu'elles sont dans un cercle de fer, et que ce cercle, il faut le briser. La charge sonne. Les Bavarois se jettent en avant, au pas de course, sur les trois régiments qui les enserrent. A cent pas, ils s'arrêtent, tirent et reprennent leur élan. Mais voici que nos chassepots et nos canons les atteignent plus vite et de plus près. Les rangs des trois brigades ploient. Les Français se précipitent furieux, et les brigades décimées rentrent à la hâte dans le parc et les bâtiments du château. Le péril s'est accru pour elles : déjà plusieurs régiments commencent à manquer de munitions ; des bataillons ont perdu la moitié de leur effectif ; le désordre a tout mêlé ; les régiments se sont confondus dans la fuite, les troupes sont découragées : les Français approchent ; les Bavarois défendent faiblement ces murs crénelés qui couvrent leur faiblesse et leur mauvais état. Une demi-heure encore, et comme les Allemands en ont convenu, les trois brigades rendaient les armes, et la plus grande partie des canons bavarois tombaient entre nos mains. Il était alors près de deux heures :

tout à coup une forte et claire canonnade éclate à la gauche de Goury : des lueurs paraissent éparses çà et là sur la plaine : ce sont les Prussiens de la 17ᵉ division qui viennent sauver les Bavarois : voilà leurs batteries, voilà leurs tirailleurs : un autre destin commence pour les vaillants soldats de l'amiral : d'Orgères à Goury, l'ennemi va s'avancer à son tour.

Pendant ce temps, qu'avait donc fait la 3ᵉ division, celle du général Morandy ? Placée entre la 2ᵉ division et le 15ᵉ corps, elle avait à atteindre un terme moins lointain que les deux autres divisions : c'était à Lumeau et à Baigneaux, c'est-à-dire au-dessous et à droite de Goury, qu'elle devait se porter d'abord. Arrivée de Sougy à Terminiers vers le point du jour, elle avait quitté ce dernier village pour suivre la direction que lui avait indiquée Chanzy. Elle marchait, à travers les champs, le long de la route qui mène à Lumeau ; sur ce chemin elle avait déjà occupé le hameau de Neuvilliers, et se déployant entre ce point et la ferme d'Ecuillon, elle convergeait vers Lumeau, quand des lueurs rapides brillèrent en face d'elle et bientôt à sa gauche : c'étaient les batteries allemandes de Lumeau (1) et de Goury qui s'allumaient. Des boulets

---

(1) Lumeau, occupé depuis trois jours par les Bavarois, avait été évacué à 7 heures du matin : leurs troupes s'en étaient retirées pour se concentrer à Goury. Les Prussiens de la division von Treskow n'y entrèrent que vers 10 heures.

frappent de front la division, et surtout le 40° de marche et le 71ᵉ mobiles (Haute-Vienne) : on s'y attendait ; mais en voici qui viennent frapper en flanc les colonnes, alors qu'on apercevait des troupes françaises devant Goury; et ces boulets traversent la division obliquement et dans toute sa largeur. L'étonnement saisit les soldats : la marche vacille. Morandy fait venir de sa réserve une batterie de 12, et parvient à maintenir ses régiments à leur poste de combat. Il n'était que dix heures. C'était le moment où la division Barry se repliait derrière Loigny ; et déjà la 34ᵉ brigade prussienne occupait Lumeau : Von Treskow (1) y avait devancé Morandy. Le général français ne voyait pas seulement ses troupes hésitantes sous les premiers boulets ; il trouvait à Lumeau un passage barré. Dans cette position, les régiments de von Treskow étaient au sud de Goury, et même bien au-dessous : ils n'avaient qu'à remonter le terrain légèrement sinueux qui s'étend vers Loigny ; protégés par les canons qu'ils ont établis au coin du bois de Lumeau, ils iront sans peine tourner les troupes françaises qui attaquent les Bavarois au château de Goury. Notre fortune était comme à l'avance compromise à Lumeau. Néanmoins, quand Morandy a remarqué que l'assaut de Goury se renouvelle et que la bri-

(1) La 17ᵉ division (von Treskow) était partie de Santilly à 8 heures.

gade Bourdillon l'enveloppe de ses feux, il mène ses troupes sur Lumeau. Le combat s'engage devant ce village, d'Auneux à Neuvilliers et vers la ferme d'Ecuillon. Les Français qui se sont avancés au sud-est de Lumeau se trouvent cachés dans un repli de terrain : d'un moulin jusqu'au village, le long d'une voie romaine, s'élève une ligne de faîte, bas et court horizon, qui les empêche de voir l'ennemi, genoux en terre sur la route de Lumeau, avec des batteries dans toutes les clairières et au bord du parc. La fusillade a commencé. Mais l'artillerie française est trop faible. Les soldats de Morandy n'ont point, pour affermir leur cœur, la confiance sainte ou folle qui, dans les combats, n'aperçoit pas la mort. Il y a des braves sans doute dans ce 40ᵉ de marche que déciment les balles et la mitraille même des Prussiens. De onze heures à une heure, la division supporte la bataille. Puis elle plie partout : elle se débande et se partage. Les uns franchissent la route de Chartres dans le désordre d'une fuite précipitée ; on les verra tout à l'heure descendre, troupe confuse et terrifiée, jusqu'à Terminiers, jusqu'à Sougy, jusqu'aux Echelles ! La batterie qui de Neuvilliers tirait sur les Prussiens, est abandonnée par ses artilleurs, avec sept caissons pleins encore. De ces soldats dispersés les autres viennent s'établir devant la ferme d'Ecuillon, et là le combat est plus digne de l'honneur français. Ecuillon sera pris et repris trois fois, avant la nuit, et quand les Prussiens en seront définitivement les maîtres, ils n'auront conquis que des bâtiments en flammes et des murs qui s'écroulent (1). Ainsi vers deux heures et demie, la droite du 16ᵉ corps commençait à n'être plus qu'un nom dans la bataille. Du haut du clocher de Terminiers, Chanzy eut le spectacle de cette retraite déplorable où la bravoure de quelques-uns était sans force et se perdait dans l'effroi du grand nombre ; il la vit, et le cœur serré par l'angoisse, « Ils sont battus ! » s'écria-t-il avec une amère douleur. Non, ce n'était pas ici un de ces combats acharnés où le malheur honorait encore la France, comme là-bas, dans cette affreuse mêlée de canons et d'hommes, l'amiral en soutenait un si mémorable, au même moment. En vain Chanzy met-il en ligne deux pièces

---

(1) Pendant la nuit, les Prussiens brûlèrent leurs morts à Ecuillon et près de Lumeau. Le lendemain on compta pourtant encore, autour de ce dernier village, une centaine de cadavres allemands dispersés çà et là.

On recueillit, pendant les jours suivants, plus de 800 blessés des deux nations dans les ambulances de Lumeau. Au bout d'une semaine, il en restait encore 411 dont 90 Allemands seulement. Les Prussiens avaient transporté dans les villes les plus proches tous ceux de leurs blessés qu'ils avaient pu.

Plus de 500 Français avaient péri autour de Neuvilliers, de Lumeau et d'Écuillon. Dans ce nombre, une cinquantaine de mobiles de la Haute-Vienne (71ᵉ régiment) tombés près de Neuvilliers.

de 12, pour protéger, dans sa retraite, la division Morandy ; les soldats, chargés de les défendre, désertent leur poste ; les Prussiens fondent sur les canons et les enlèvent. L'âme remplie de honte et de désespoir, Chanzy se jette parmi ces troupes démoralisées ; ses ordres, ses cris, son exemple, contiennent un peu les fuyards ; avec quelques bataillons qu'il a ralliés à la hâte, il remonte le terrain et place une batterie de 12 sur la crête d'un champ qu'on nomme Terre-Noire : on suspend ainsi la poursuite des Prussiens, et ce faible succès n'est pas difficile, car les Prussiens ne songent déjà plus à pousser plus loin leur avantage. Entrés comme un coin entre Goury et Poupry, entre le 16e corps et le 15e, ils y restent ; la division Morandy ne leur paraît plus dangereuse pour leur dessein ; ils profiteront donc de leur bonheur avec habileté, en retournant une partie de leurs forces là où le canon gronde derrière eux, c'est-à-dire vers Goury et Loigny (1).

Que se passait-il cependant d'Orgères au château de Goury ? Deux heures avaient sonné ; et dès ce moment on avait dû peu à peu se retirer, d'un côté vers Villepion, de l'autre vers Loigny (2). Toutefois, dans

---

(1) Lumeau servit de campement à la 17e division (von Treskow) pendant la nuit du 2 au 3.

(2) A deux heures et demie, la ligne de la 1re division

la vaillante division de l'amiral, le mouvement de retraite était comme insensible. Devant Orgères et la Maladrerie, les mobiles de la Sarthe intimidaient l'ennemi par leur fière contenance, et déjà leur résistance avait permis aux batteries de l'amiral de renouveler leurs munitions. Les Bavarois n'avaient qu'un instant pressé le pas : aussitôt nos mitrailleuses les avaient arrêtés en creusant dans leurs rangs des trouées énormes. A son tour, la cavalerie du prince Albert s'était élancée. Mais elle vient se briser sur le feu des solides Manceaux : elle tourbillonne : elle a disparu derrière Orgères et le bois de Féalé. Toutefois des canons arrivent sans cesse par la route de Chartres ; M. de Tann a pu établir de nouvelles batteries devant Orgères ; de plus en plus la plaine est inondée de boulets ; et tout en gardant le même ordre, notre gauche est contrainte d'accélérer sa retraite. Bientôt même, sa situation s'aggrave. Pendant que von Treskow s'avançait, sur le flanc droit et les derrières de l'amiral, au secours des Bavarois enfermés à Goury, le prince Albert tenta le même mouvement sur le flanc gauche. La cavalerie française avait quitté la plaine où le matin elle avait été amenée : au lieu d'être devant Orgères et de marcher sur la Maladrerie

---

passait derrière Villerand, en avant du moulin de Villepion, derrière les fermes de Morale et Fougeu, derrière Goury et devant Loigny, jusque près d'Ecuillon.

comme l'avait prescrit l'ordre de marche, où était-elle en ce moment critique ? Placée à Nonneville et à Gommiers, bien au-dessous de l'amiral, elle se trouvait inactive, à côté d'une armée qui se battait. Le général Michel, à la vue de quelques fuyards qui se sauvaient dans la plaine d'Orgères, avait cru à une défaite ; et pour ne pas « rester en l'air, » il avait reculé. La cavalerie prussienne, elle, prenait une part utile au combat. Tout-à-coup, l'amiral fut prévenu que des cavaliers ennemis arrivaient sur les derrières de ses troupes entre Chauvreux et Cornières ; on voyait luire de ce côté des cuirasses ; bientôt une batterie qui les accompagnait lança ses boulets, et les troupes du 17° corps qui en ce moment arrivaient au château de Villepion, furent canonnées du côté où on s'y attendait le moins. Nos soldats s'effrayent : « Nous sommes tournés, nous sommes cernés ! » commencent-ils à s'écrier. Les Prussiens tirent avec une étonnante justesse ; les ravages sont terribles. Sur l'ordre de l'amiral, M. de Lambilly mène en face de l'ennemi la batterie de mitrailleuses ; une batterie de 8 du 17ᵉ corps vient l'appuyer. La cavalerie prussienne s'ouvre, se sépare, se dissout sous nos projectiles : elle tourne bride et disparaît avec sa batterie pour le reste de la journée. Ainsi deux fois, dans la bataille, l'amiral avait dispersé sous ses feux la cavalerie du prince Albert. Pourquoi, à cette heure suprême où la victoire était encore indécise, la cavalerie française n'était-elle pas là, sur la gauche, à sa vraie place, soit pour poursuivre les fuyards, soit pour faire une tentative sur Orgères ? L'issue de la bataille eût été différente : l'amiral Jauréguiberry l'a dit dans le rapport qu'il adressa le lendemain au général Chanzy : « Nul doute que, si la 1re division avait été appuyée par une démonstration de la cavalerie sur la gauche, l'issue du combat n'eût été tout autre. »

A quatre heures, le 33e mobiles arrivait, la face tournée vers l'ennemi, aux abords du moulin de Villepion. Les Bavarois, émus de leurs pertes, n'avançaient que timidement. Dans le régiment français on était morne. Quoi ! Ducrot marchait vers la Loire, et l'on reculait, à l'heure où il tendait la main à la France, à sa dernière armée, aux vainqueurs de Coulmiers eux-mêmes ! En avant du moulin dont le 33e approchait, se trouve un petit bois. Il s'y arrête ; le 39e de marche qui venait se réapprovisionner au château de Villepion, joint aux mobiles de la Sarthe quelques-unes de ses compagnies : ils reçoivent tous ensemble de l'amiral l'ordre de continuer le combat et de garder Villepion. Une grande partie d'entre eux vont se poster dans le parc : ils en crénèlent les murs et s'y établissent, indifférents à la pluie d'obus qui vient couvrir et le parc et le château. L'ennemi les avait suivis. Quelques compagnies du 2e bataillon de la Sarthe retournent à lui et le chassent du petit bois dont il venait de s'emparer. Il recule, mais grossissant ses rangs ; il recommence l'attaque et reprend le bois. Il y eut là un assaut de bravoure entre les deux adversaires. Plusieurs fois ils reconquièrent l'un sur l'autre cette touffe d'arbres brisés par les projectiles et rougis de leur sang. A la fin, les Français la gardèrent. Un dernier mouvement d'espoir fit même encore tressaillir le cœur de ces braves gens. Comme le 3ᵉ bataillon de la Sarthe venait de reprendre des cartouches au château, M. de Lambilly arrive : il annonce que le 17ᵉ corps entre en ligne avec de nombreux canons. En effet, de Sonis se montre avec son escorte de spahis. Une épouvantable canonnade retentit au même moment sur la droite. La terre tremble. La victoire nous revient, pensent les officiers du 33ᵉ. Déjà les zouaves pontificaux touchent le 33ᵉ à Villepion. M. de Charette est aperçu. « Ne craignez rien sur votre gauche, dit-il à ses soldats : les mobiles de la Sarthe sont-là. » En ce moment, les Bavarois semblaient prêts à rebrousser chemin sur Orgères. L'amiral remarqua leur hésitation. Mais pour tenter l'offensive et les pousser sur Orgères, il lui eût fallu plus d'artillerie. En vain en demanda-t-il au 17ᵉ corps qui venait d'arriver ; il voyait là, derrière Villepion, des batteries de 8 en réserve ; il pria le commandant d'artillerie Baratte de lui en envoyer une : on la lui refusa, et quand le général de Sonis, averti de cette demande, leva le refus, il était trop tard : on avait perdu près d'une heure : l'obscurité du soir assombrissait déjà la plaine. L'amiral n'eut plus d'autre résolution que de se maintenir à Villepion. Après sept heures de lutte, il se retrouvait au campement qu'il avait gagné la veille par une victoire et que, le matin, tous ses soldats avaient quitté frémissants d'enthousiasme....

Devant Loigny, la lutte durait. Elle était devenue désavantageuse aux Français ; mais les Allemands n'avaient pas encore fait de grands progrès. A la vue des troupes que von Treskow amenait à leur secours, les Bavarois avaient poussé des cris de joie. Ils se crurent sauvés et reprirent courage. Leur feu redouble. La brigade Bourdillon, qui, depuis quatre heures déjà, se bat au soleil, sans abri et devant des créneaux ou des bois, commence sa retraite. Le 3e chasseurs, l'un de ces nobles régiments, n'a presque plus de cartouches. Le 75e mobiles décimé n'a debout que la moitié de ses hommes environ ; son 2e bataillon ne sera plus tout à l'heure commandé que par quatre officiers. Le 39e compte déjà des pertes effrayantes, et ses munitions s'épuisent comme la vie de ses soldats. En vain, quand von Treskow paraît du côté de Lumeau, notre artillerie a-t-elle tourné plusieurs pièces de son côté. L'ennemi a quatre ou cinq fois plus de canons.

Bientôt il a démonté deux des nôtres : nos batteries se retirent. Au même moment, une masse considérable de cavalerie descend du nord. La brigade Bourdillon recule de toutes parts, serrée par les Bavarois et les Prussiens. Ses soldats ne reculent toutefois que pas à pas. Des légères ondulations qui mollement se recourbent autour de Loigny, ils entretiennent quelque temps un feu terrible : c'est le chassepot (1) qui livre bataille aux canons allemands. Von Treskow enfin a relié ses troupes aux Bavarois enfermés à Goury. Ses batteries s'avancent ; des masses d'hommes les suivent. Les cavaliers se ruent sur les flancs de la brigade : ils chargent avec rage ces soldats fatigués, affamés et pourtant vaillants encore, qui depuis le matin arrosent de sang cette bande de terrain. Les mobiles du 75ᵉ forment le carré : ils résistent. Le 3ᵉ chasseurs se couvre de sa fusillade. Le lieutenant-colonel du 39ᵉ et le commandant Bourcart, en avant du 1ᵉʳ bataillon et leurs tirailleurs derrière eux, règlent le feu, maintenant avare, de leurs dernières cartouches ; le régiment a la baïonnette au bout du fusil, et pendant plus d'une heure il tient en respect la cavalerie ennemie. Mais la lutte est trop inégale : il faut céder. Des chasseurs du 3ᵉ

---

(1) Les chassepots lançaient si loin leurs balles qu'une d'elles alla effleurer la botte du général de Tann à une distance dont les Allemands s'étonnèrent. Elles atteignirent à ses côtés deux officiers prussiens qui étaient attachés à son état-major.

et des mobiles se jettent en passant dans les maisons qui bordent Loigny au nord et à l'est. Ils y trouvent le 37ᵉ de marche occupé à le défendre depuis près de midi. Or, il était quatre heures.

Villepion et Loigny ! voilà l'étroit rivage où revenait le flot sanglant de cette bataille, et c'est là qu'il devait expirer. L'amiral, à lui seul, n'avait plus le pouvoir de remonter plus loin. Cependant la victoire n'était pas encore tout à fait perdue. Arrêter l'ennemi sur la route de Lumeau à Terminiers, refouler les Prussiens sur Goury en dégageant Loigny, tenir bon devant Orgères, tel pouvait être le dernier espoir de Chanzy ; et, dans ces conditions, l'avantage lui appartenait, puisque partout son armée eût gardé des positions conquises. Les ressources n'étaient plus grandes il est vrai ; la division Barry n'avait pas encore rejoint tous ses débris et s'agitait toujours pour se reformer ; la division Morandy n'était guère qu'un chaos de soldats et d'armes ; notre cavalerie ne se trouvait pas au lieu du combat ; mais l'intrépide division Jauréguiberry, à elle seule, maintenait le combat contre les deux divisions ennemies ; au loin, le canon du 15ᵉ corps semblait tonner de plus en plus clairement dans la direction de Pourpry ; et puis le 17ᵉ corps approchait, conduit par M. de Sonis. Déjà, le soleil pâlissait dans le ciel ; bientôt l'ombre s'étendra sur ce champ de bataille en feu. Qu'on prolonge la lutte sans reculer davantage ; qu'on reprenne Loigny au centre : l'honneur nous reste et les pertes sont compensées.

Quand Chanzy avait demandé l'appui du 17ᵉ corps, le général de Sonis (1) qui le commandait se trouvait

(1) Fils d'un ancien soldat qui commandait la place de Libourne, le général Gaston de Sonis est né dans la Gironde. Pendant quinze ans, il a servi en Afrique ; en 1869, lieutenant-colonel et commandant du cercle de Laghouat, il y réprima une révolte des tribus ; il était colonel et se trouvait à la tête de la subdivision d'Aumale, quand au mois d'octobre il fut nommé général de brigade. On avait résolu de le retenir en Algérie. Mais quand il connut nos désastres, il télégraphia à Tours qu'il voulait marcher à l'ennemi, dût-il redevenir simple soldat. On le nomma général de division et commandant du 17ᵉ corps.

Trois de ses dix enfants étaient comme lui sous les drapeaux. L'aîné se battait à Bitche ; le plus jeune n'avait pas plus de 16 ans.

Le général de Sonis a quarante-sept ans environ. Toute l'armée connaissait sa piété, son courage chevaleresque et son noble caractère. Dans une lettre du 1ᵉʳ novembre, il écrivait ces lignes où se fait si bien sentir son âme : « Lorsque Dieu se mêle de donner des leçons, il les donne en maître. Rien ne manque à celle que la France reçoit en ce moment. » ...... « En partant pour l'armée, je me condamne à mort. Dieu me fera grâce, s'il le veut ; mais je l'aurai tous les jours dans ma poitrine, et vous savez bien que Dieu ne capitule jamais, jamais ! »

à Patay. Aussitôt il emmena la 3ᵉ division (général de Flandre), la seule qui fût encore établie dans cette ville. Mais, sur la route du combat, on l'informa que l'ennemi commençait à tourner la gauche de l'armée. De Sonis dirigea de ce côté la division presque tout entière : les troupes et les batteries qui vinrent, sur son ordre, occuper la ligne de Guignonville à Villepion, continrent les Prussiens et surent ainsi prévenir le mouvement dont ils menaçaient le 16ᵉ corps. Quant au général, il n'avait pu conduire à Villepion que le 1ᵉʳ bataillon des zouaves pontificaux, un demi-bataillon des mobiles des Côtes-du-Nord, les francs-tireurs de Tours et ceux de Blidah, le 51ᵉ de marche qu'il avait envoyé d'abord à Terminiers, trois batteries divisionnaires et deux batteries de réserve. Ces troupes n'étaient pas nombreuses, sans doute, mais elles arrivaient encore à temps, sinon pour rappeler la victoire, du moins pour retarder la défaite. C'était trop peu pour rendre l'avantage au 16ᵉ corps tout entier ; c'était assez pour soutenir victorieusement la division de l'amiral. Au reste, quelle que dût être la fortune, plusieurs d'entre elles apportaient dans leur cœur le mépris du danger, et leur honneur allait contribuer pour toujours à l'honneur de la France, dans un de ces beaux faits d'armes où la patrie vaincue trouve sa fierté consolée.

Les volontaires de l'ouest (1), naguère zouaves du Pape, étaient au premier rang derrière de Sonis. Que de souvenirs et de traditions ils représentaient dans cette armée de la Loire, eux qui, pour la plupart, versaient avec leur sang celui de la vieille noblesse de France ! C'étaient leur colonel Athanase de Charette (2) et ses frères, les petits-neveux du célèbre chef vendéen ; Fleury de Verthamon, qui quittait une jeune femme et deux enfants en bas âge ; Fernand de

---

(1) C'est le 9 novembre que les deux bataillons de zouaves pontificaux (six compagnies chacun) entrèrent en campagne. Le 3ᵉ bataillon dut rester au Mans pour s'y compléter et s'y exercer.

Le 1ᵉʳ bataillon était commandé par M. de Moncuit ; le 2ᵉ, par Olivier de Gonidec. Le colonel, M. de Charette, était avec eux ainsi que le lieutenant-colonel de Troussures.

Les zouaves pontificaux avaient quarante éclaireurs, tous cavaliers d'élite et qui s'étaient équipés à leurs propres frais. Ils avaient pour chef le capitaine de Pays du Teilleul.

(2) Athanase de Charette, l'aîné de sa famille, est né en 1832, dans la maison même où fut prise la duchesse de Berry. De haute stature, les cheveux blonds, il a un regard clair et doux, mais le geste vif, et, dans sa voix caressante, l'accent du commandement. Il a été nommé chevalier de la légion-d'honneur après la bataille de Loigny. Ses quatre frères ont tous suivi, comme lui, les drapeaux du Pape et de la France. Un Louis de Charette était parmi les éclaireurs à cheval des zouaves ; Fernand de Charette, le frère du colonel, était sous-lieutenant au 1ᵉʳ bataillon.

Bouillé, avec son fils et son gendre, tous deux à peine mariés, royalistes accourus sous les drapeaux de leur pays à la voix d'un dictateur républicain ; un marquis de Coislin, volontaire de soixante ans, dont l'épée se reposait au fourreau depuis 1830 ; c'étaient les de Richemont, les de Vogué, les La Roche-Macé, et cent autres dont le nom redisait à la France cent titres d'orgueil ou de gloire. Beaucoup venaient de servir en Italie la cause de la papauté. Un grand nombre s'étaient engagés quelques semaines auparavant pour faire cette campagne sainte et douloureuse de France. Ils marchaient sous une bannière blanche, qu'une religieuse de la Visitation de Paray-le-Monial avait brodée avant la guerre, disant « que des mains dévouées à la défense de la religion la porteraient au combat. » L'étendard portait cette inscription : « *Sacré Cœur de Jésus, sauvez la France ;* » sur le revers : *Saint Martin, patron de la France, priez pour nous !* Dans une heure cet étendard sera rougi du sang des héros qui l'auront tenu devant les Prussiens et qui seront tombés sous ses plis (1).

(1) La veille de la bataille de Loigny, M. de Charette avait confié le drapeau des zouaves à Fleury de Verthamon, sur le refus du comte Fernand de Bouillé qu'un si grand honneur effrayait. Pendant la nuit, le général de Sonis avait appelé près de lui M. de Verthamon et M. de Bouillé ; dans la chambre du général vinrent aussi M. Jacques de Bouillé et son

Le 1ᵉʳ et le 2ᵉ bataillon des zouaves pontificaux étaient arrivés le matin à Patay. Campés dans un champ, à gauche du bourg, ils entendirent, vers huit heures, le canon qui grondait au loin ; puis, ce ne fut plus que comme un long et faible murmure qui s'exhalait à l'horizon : on leur dit que notre armée avait pris Loigny, qu'elle enlevait Goury et qu'elle marchait vers Bazoches-les-Hautes, coupant en deux l'armée du grand duc. Vaine histoire de bataille ! A midi, ils étaient en route, et bientôt ils apprenaient toutes les tristes nouvelles qui pouvaient alors venir de Loigny. Ils se dirigèrent d'abord sur Péronville, à la gauche, parce qu'on avait craint que la cavalerie ennemie ne tournât de ce côté le 16ᵉ corps en train de se battre. Puis, passant entre Gommiers et Guillonville, le 1ᵉʳ bataillon avec le général de Sonis s'avança sur Villepion. Le 2ᵉ, accompagné de trois compagnies des Côtes-du-Nord et suivi de deux batteries de réserve, s'était pré-

beau-frère, M. de Cazenove, M. de Richemont, de Gastebois et de Pontourny. Sur le vœu du général, un dominicain leur dit la messe à deux heures du matin ; ils communièrent avec quelques zouaves jaloux comme leurs chefs de se préparer par les sacrifices de l'âme et de la prière à la bataille, c'est-à-dire à la mort. Au lendemain de cette veillée d'armes, où étaient les huit hommes qui l'avaient faite ? Quatre étaient, comme dit le poète de la Chanson de Roland, « *parmi les douces fleurs de Paradis ;* » les quatre autres gisaient à terre, grièvement blessés.

cipité au pas de course vers Gommiers pour faire face à des troupes prussiennes qui arrivaient, avec une forte artillerie, en ordre de bataille : ses batteries avaient éteint le feu des Prussiens, et ceux-ci n'avaient plus reparu. De son côté, le 1er bataillon avait rendu un service important. Comme il venait de se poster à l'un des angles du parc de Villepion, à l'abri de quelques arbres et de trois meules, il vit la cavalerie du prince Albert accourir au galop : le commandant Barratte avait fait pointer contre elle ses pièces de 8 et sa batterie de mitrailleuses, et les cavaliers avaient disparu sous ce feu.

Quel allait être le nouveau rôle des zouaves et de leurs compagnons d'armes ? Des fuyards et des blessés passaient près d'eux ; l'ennemi paraissait se rapprocher de Villepion où se repliaient les mobiles de la Sarthe ; il semblait qu'à Loigny le bruit du combat devînt plus distinct. Où M. de Charrette serait-il appelé ? Cet appel, le 1er bataillon l'attendait devant l'un des murs du parc. Un dominicain, le père Doussot passe dans les rangs : il prie, il excite à bien mourir. Près des zouaves, se tiennent les mobiles des Côtes-du-Nord, les francs-tireurs de Tours et ceux de Blidah. En avant le colonel, les commandants de Troussures et de Moncuit et quelques officiers. Depuis quelques instants, de Sonis et ses Arabes s'étaient mêlés à eux. Un obus éclate au milieu du groupe. La poussière dissipée, on reconnaît que personne n'a été frappé; et comme joyeux de la poudre qu'il vient de respirer, de Sonis se lève sur ses étriers, et debout, saluant les soldats, il crie : Vive la France ! Déjà son cheval l'emporte vers Loigny où le général inquiet court observer le combat.

Sous la lumière des gerbes de feu que les bombes incendiaires de l'ennemi répandent dans l'air, au-dessus du château de Villepion que les Prussiens veulent brûler, le général de Sonis arrive sur le front du 1er bataillon : la voix vibrante, il annonce à M. de Charette qu'il faut enlever Loigny, et se tournant vers les zouaves : « Zouaves, les troupes hésitent; montrons ce que peuvent faire des hommes de cœur et des chrétiens. En avant ! vive la France ! vive Pie IX ! » — « Vous nous menez à une fête, » dit M. de Charette; et l'on part. De Sonis embrasse Charette : le lieutenant-colonel, M. de Troussures, a descendu de son cheval; il se met à genoux et fait un signe de croix, que font eux-mêmes presque tous ses frères d'armes. Le bataillon a déployé ses tirailleurs : à sa droite marchent les mobiles des Côtes-du-Nord, sauf trois compagnies qui gardent les batteries chargées, près du moulin de Villepion, de répondre à celles des Prussiens; sur la gauche viennent les francs-tireurs de Tours et de Blidah. Est-ce à la parade qu'on va ainsi ? Le front est calme; le pas rapide, mais ferme;

c'est la régularité d'une manœuvre. Au centre, M. de Sonis ; de chaque côté les officiers d'état-major de M. de Charette. En face, Loigny en flammes que défend le 37e. De toutes parts, de Lumeau, d'Ecuillon, d'Orgères, des obus couvrent le terrain nu et plat qu'on parcourt. Partout de la fumée, et à travers les brouillards de la poudre, à la lueur du feu, des masses noires de Prussiens qui se montrent.

Les mobiles des Côtes-du-Nord se jettent sur la ferme et les bâtiments de Villours ; ils enlèvent tout ; et les Prussiens se retirent vers Neuvilliers et Lumeau, en brûlant une maison sur la route.

Cependant, les zouaves avancent toujours. Ils rencontrent, couché dans le repli de terrain où il se dissimule, ce 51e de marche qui tout-à-l'heure, appelé au combat par M. de Sonis, n'a voulu entendre ni la voix du général ni le cri de ses officiers. Excités alors par une généreuse envie et peut-être émus par la honte, quelques hommes se lèvent et suivent les bataillons de Charette. En tête des zouaves, le sergent de Verthamon porte haut la bannière. On ne tire point : les officiers, sur l'ordre du colonel, en empêchent les soldats. Déjà on approche de Loigny ; déjà on aperçoit l'ennemi qui vise, caché dans ce petit bois, planté de lilas et de cytises, large de quinze mètres et long de cent, qui s'étend entre Villours et le village. Les rangs s'éclaircissent : 40 hommes déjà sont tombés. Mais on obéit : on ne tire pas. L'espace diminue. En avant ! Les zouaves courent au bois. De Sonis, l'épée étincelante, les guide à l'assaut; de Charette les exhorte ; la bannière se déploie devant eux. C'est un élan furieux, l'élan français : ces hommes se battent à pied, comme les gentilshommes de leur race se battaient à cheval. En un bond tous arrivent sur cette lisière d'arbres d'où l'ennemi les fusille. Déjà de Sonis s'est affaissé, la cuisse broyée ; le lieutenant-colonel de Troussures (1), le capitaine de Ferron, le commandant de Moncuit sont blessés ; de Verthamon meurt, mais en tombant il n'a pas oublié sa bannière : son œil qui s'éteint et sa main défaillante ont cherché un héros pour la prendre : il la tend à Jacques de Bouillé qui l'agite avec tout l'orgueil de la bravoure et du patriotisme. On était au bois. M. de Charette et son aide-de-camp, Harcouët de Saint-Georges, sont renversés sous leurs chevaux. Quand ils se relevèrent, le bois était vide : les uns l'avaient emporté de front ; les autres (la 4ᵉ compagnie commandée par de Gastebois, avec les mobiles Côtes-du-Nord) l'avaient tourné à droite. Les Prussiens se rendent ou s'enfuient vers le village. De Charette les

---

(1) Un peu plus tard, M. de Troussures fut achevé à coups de crosse. Tombé non loin de lui, M. de Sonis l'a vu et il l'atteste dans une lettre aujourd'hui publique.

poursuit ; il arrive avec eux aux premières maisons, il en prend quatre d'assaut et les occupe.

Là, il y eut encore une lutte affreuse. Corps à corps, fusil contre fusil, zouaves et Prussiens se tuent à l'envi, des fenêtres, au pied des murs et dans les maisons. Fernand de Charette a le ventre traversé d'une balle ; le capitaine de Gastebois est tué. Jacques de Bouillé entre dans le village, brandissant sa bannière comme une épée : il tombe ; le drapeau le couvre. Un zouave le ramasse. On ne songe plus qu'à la bannière : tous les yeux sont sur elle ; toutes les poitrines s'offrent à la mort pour la protéger ! A mesure qu'elle s'abaisse dans le sang ou qu'elle vacille aux mains d'un blessé, on la prend, elle passe à la garde d'un nouveau défenseur : elle a ses chevaliers. Les Bavarois se ruent vers elle. Le Parmentier qui la tient la leur arrache. C'est un combat où personne ne veut céder. Les zouaves étaient dignes de leurs pères ; car ainsi se battait jadis, à Nicopolis, en 1396, cette chevalerie française que Jean-sans-Peur avait menée contre les Turcs ; ainsi périssaient « ces jouvenceaux de la fleur de lis » qui se pressaient dans la mêlée autour des La Trémouille, du maréchal Boucicault et du sire de Coucy ; ainsi, d'un cœur qu'il offrait à Dieu et le corps ruisselant de sang, l'amiral Jean de Vienne se jetait au milieu des ennemis, par six fois relevant cette bannière de France sous laquelle il mourut, la hampe encore serrée « entre ses poings. »

Cependant, les soldats de Charette ne sont plus bientôt qu'une poignée de braves : les uns veillent dans le bois sur les prisonniers ; les autres se battent dans la rue ; d'autres défendent les abords de Loigny, sur le chemin qui mène à Lumeau, où ils se sont échelonnés en tirailleurs. En vain Charette cherche-t-il à se frayer un chemin vers l'église et le cimetière où, dans un cercle de maisons en flammes, les deux bataillons du 37ᵉ se défendent avec une tenacité héroïque. Sur la droite, c'est-à-dire par les chemins de Lumeau et de Terminiers, arrivent les régiments de Treskow. A gauche et en face, les Bavarois reviennent à la charge en masses épaisses. Charette ordonne la retraite vers le bois tout-à-l'heure emporté. Cette retraite fut celle d'hommes qui ne savent pas fuir. Lentement ils regagnèrent le bois, pas à pas, le front vers l'ennemi, la bannière blanche tournée de son côté. Mais les balles leur arrivaient de tous côtés. Charette tombe à l'un des angles du bois, frappé à la cuisse : il est obligé de commander à ses hommes de se retirer, car ils l'entourent et veulent l'emmener. Là s'arrêta la poursuite de l'ennemi (1). Il était plus

---

(1) Sur les 300 hommes menés à Loigny par M. de Charette, 198 étaient restés sur le champ de bataille ; des **14 officiers**

terrifié que son adversaire : quand il vit les zouaves sur la route de Villepion, il n'osa s'aventurer plus loin et ne les inquiéta plus que fort peu (1). Ils s'en allaient, tournant la tête avec tristesse vers ces lieux désolés, vers ces terres où gisaient les cadavres de leurs amis, vers ces flammes qui illuminaient l'horizon. Sous la bise qui glaçait déjà morts et blessés sur la plaine, ils regagnaient Villepion, Gommiers et Patay où ils retrouvèrent les éclaireurs à cheval et le 2ᵉ bataillon. Celui-ci avait, toute l'après-midi, fait face à Guillonville, Gaubert et la ferme de Chaudrain ; et grâce à ses boulets qui n'avaient cessé de fouiller la plaine, grâce à sa ferme contenance, il avait arrêté la cavalerie prussienne dans son mouvement tournant.

C'est dans cette bataille un bel épisode que le fait

du 1ᵉʳ bataillon, 4 seulement n'étaient pas hors de combat ; des 5 officiers de l'état-major, un seul était sans blessure, le lieutenant Harscouët de Saint-Georges, qui pourtant avait eu un cheval tué sous lui. Les mobiles des Côtes-du-Nord perdaient 110 hommes ; la compagnie des francs-tireurs de Blidah et de Tours 58 hommes et 4 officiers.

(1) Voir aux Pièces justificatives, note 6.

(2) Quelques zouaves se battirent à Loigny longtemps après la retraite. Le sergent de Vesins, avec plusieurs camarades, un officier de ligne et des soldats du 37ᵉ, défendit à outrance une maison : un officier prussien les sauva, comme on commençait à les massacrer. Ailleurs, il y en eut qui ne voulurent jamais rendre les maisons où ils s'étaient retranchés : ils y périrent tous.

d'armes des zouaves pontificaux devant Loigny ; ce n'est pas pourtant la dernière action du combat : la gloire d'être morts les derniers pour la France, dans ce village en flammes, appartient à de plus obscurs et non moins nobles soldats, ceux du 37ᵉ de marche (1). Depuis une heure de l'après-midi, ils disputaient à l'ennemi et à l'incendie les maisons, le cimetière et l'église de Loigny ; vers sept heures, on entendait encore leurs coups de feu au milieu du bruit des toits qui s'écroulaient en se consumant. A le rappeler, il y a un intérêt qui regarde l'honneur même de notre patrie.

Vers midi, l'amiral avait donné l'ordre au 37ᵉ de se porter à Loigny : il devait s'y établir et le défendre

---

(1) Le 37ᵉ était une des meilleures troupes de l'armée de la Loire. Parmi ces régiments de marche qui ne fûrent trop souvent que des bandes sans esprit militaire comme sans drapeau, celui-là semblait privilégié en soldats et en officiers. Il avait été cité à l'ordre de l'armée pour sa belle conduite à Coulmiers ; c'est son 3ᵉ bataillon, qui, le lendemain, appuyait M. de Lambilly, quand ce dernier prit les canons bavarois sur la route de Patay ; le 1ᵉʳ décembre, le 37ᵉ avait enlevé le village de Nonneville, au combat de Villepion. J'ajoute que ce brave régiment s'est vraiment illustré à Loigny par une résistance obstinée, par ses sacrifices et son malheur.

Une lettre de l'amiral Jauréguiberry que nous avons sous les yeux atteste qu'après trois mois de campagne, le 37ᵉ de marche se trouva réduit de 3.600 à 1.100 hommes environ.

jusqu'à la dernière extrémité. Le régiment s'approchait du village, et son 3ᵉ bataillon n'en était plus qu'à quelques cents mètres, quand le capitaine adjudant-major Tollin s'aperçut que les Allemands s'avançaient d'un pas rapide pour y devancer les Français. A son appel, un fourrier et douze hommes (3ᵉ bataillon, 3ᵉ compagnie) courent, traversent les jardins, arrivent devant l'ennemi, et dans la surprise que leur feu lui cause, ils l'arrêtent un instant. Les Prussiens canonnent aussitôt Loigny. D'une grange qu'ils escaladent à l'aide d'une échelle, ses soldats tirent longtemps sur un bataillon de la division von Treskow, qui, d'une marche aussi régulière qu'à la parade, se présentait devant Loigny à l'est. Le capitaine Tollin reçoit une blessure terrible ; les Allemands cernent la grange et font prisonniers les quelques soldats qui s'y trouvaient encore debout. A ce moment, une vive fusillade retentit dans le village ; le 2ᵉ et le 3ᵉ bataillon du 37ᵉ (1) y commençaient la lutte de maison à maison qui devait y durer jusqu'au soir. Le 2ᵉ, commandé par M. de Fouchier, pénétra le premier dans Loigny ; trois de ses compagnies se répandirent dans les rues et dans les maisons ; une compagnie se plaça dans une ferme, et les deux autres sur la gauche

---

(1) Le premier bataillon du 37ᵉ resta tout entier en dehors du village.

du bourg. Le 3ᵉ bataillon, sous les ordres du commandant Varlet, se posta dans le village et sur la droite. On crénèle tous les bâtiments dont la position peut être avantageuse ; on prépare la défense autour de l'église, déjà pleine des blessés qu'y avait laissés la brigade Bourdillon : on veut se défendre avec acharnement.

A l'arrivée du 37ᵉ, l'ennemi occupait déjà quelques-unes des maisons qui bordent Loigny au nord-est. Sur plus d'un point, on se faisait donc une guerre de rues. Une chaumière était attaquée ou défendue comme une citadelle : à l'intérieur elle s'emplissait de cadavres et de sang ; au pied de ses murs, les mourants s'amoncelaient sur les blessés. Le feu était court : on se battait souvent à quelques pas. Une lucarne qui s'ouvrait, un coin de rue qu'on tournait, la percée d'un mur ou le détour d'un bâtiment, tout servait à recommencer mille fois la lutte, et les soldats du 37ᵉ, agiles, vaillants, acharnés, y mettaient tout le génie de la bravoure française. Pendant ce temps, les canons prussiens couvraient Loigny de leurs bombes, sans cesser une seule minute. Dès midi, un obus à pétrole avait brûlé une maison ; et depuis, la flamme excitée par un vent du nord très-vif courait de proche en proche avec une effrayante rapidité. Vers trois heures et demie, Loigny ressemblait de loin à un immense brasier.

Au nord-est du village, les colonnes prussiennes durent plusieurs fois se replier. C'est que le 37ᵉ y occupait une position excellente : les soldats placés derrière un épaulement en terre tiraient à coup sûr, jugeant chacun de leur tir avec un sang-froid qui doublait leur habileté. A la fin pourtant une fumée épaisse les enveloppa : ils ne voient plus et rentrent plus avant dans le village. C'est l'incendie qui s'avance, bien plus que les Prussiens : cependant le danger s'accroissait. Pas de secours, et vers trois heures, on distingue de toutes parts des colonnes ennemies qui arrivent. Les munitions s'épuisent d'ailleurs ; déjà beaucoup d'hommes n'ont plus une seule cartouche. Dans cette extrémité, la plupart des soldats se rassemblent avec leurs chefs dans le cimetière : on va recueillir dans l'église les cartouches des blessés, et l'on se prépare à l'assaut qu'on attend. L'enceinte mesurait extérieurement deux mètres environ de hauteur ; à l'intérieur le rebord était peu élevé. Derrière ce mur, les hommes se mettent coude à coude et à plat ventre, ils appuient leur fusil sur la crête ; pas de balle à perdre, pas de coup à manquer. Chaque arbre cache un tireur, chaque tombe abrite un soldat : à l'entrée des rues, on dispose des pelotons. Quant aux hommes sans cartouche, on en forme la réserve : ils se tiennent la baïonnette au canon. Ces préparatifs se sont faits sans désordre. Admirable attitude que celle de ces braves qui, voyant devant eux toute une campagne éclairée par les lueurs du combat, derrière eux une église gémissante où crient des blessés et un village tout en flammes, le pied posé sur des tombes, séparés de toute une armée, se disposaient à mourir dans une résistance sans espoir et sans issue !

En réalité, les deux bataillons du 37ᵉ étaient déjà bloqués dans le cimetière et le groupe des maisons voisines, quand à quatre heures, les zouaves pontificaux attaquèrent Loigny au sud, du côté du bois Bourgeon. Charette, malgré ses héroïques efforts, ne put arriver jusqu'à eux ; et même, placés comme ils l'étaient au centre du bourg, environnés d'ennemis et de flammes, les soldats du 37ᵉ s'aperçurent à peine de cet impétueux et terrible assaut. A cinq heures, les zouaves ayant dû battre en retraite, Loigny tout entier se trouva comme dans un cercle de troupes Allemandes. Au sud, le passage était fermé ; et d'ailleurs, les commandants du 37ᵉ ne songeaient qu'à une défense désespérée. Les 90ᵉ et 76ᵉ régiments de la division Treskow, maîtres de la route de Terminiers comme du chemin de Lumeau, se retournent alors vers le village : il faut bien que les Allemands en finissent avec les obstinés qui s'y défendent. Ce dernier effort est tenté contre eux par les Prussiens.

Cependant, en dehors de Loigny déjà le canon ne gronde plus ; les mitrailleuses se taisent ; la fusillade s'éloigne et diminue. Encore quelques coups de feu ; puis voici qu'un silence affreux règne sur la plaine obscure, dans le village qui se consume, dans le cimetière où l'on attend, où l'on écoute. Entendez-vous, se disent les officiers ? Oui, du lointain arrive un air connu du régiment, l'air de sa marche, le refrain du père Bugeaud :

« As-tu vu la casquette ? »

C'est le signal de la victoire, s'écrie l'un ; c'est un ralliement, assurent les autres. Et dans l'incertitude, les commandants restés sans ordres envoient des patrouilles en reconnaissance. Elles apportent bientôt la triste nouvelle que le village est cerné. Cette fanfare qu'ils entendaient, c'était bien sans doute celle du 37e : le 1er bataillon s'en allait avec elle. Quant à eux, oubliés et abandonnés, ils n'avaient plus d'autre sort à éprouver que la captivité ou la mort.... Mais le temps des réflexions n'est pas long. Les Allemands arrivent par flots de tous côtés. A peine a-t-on échangé quelques coups de feu avec ceux qui entrent par la rue principale, du côté de Patay ; à peine nos soldats ont-ils rechargé leurs armes qu'ici à bout portant et là sous un tir plongeant, les balles de l'ennemi ravagent le cimetière. A la faveur du soir et de la fumée qu'exhalent les maisons en flammes, des fusiliers mecklenbourgeois ont fait irruption du côté du cimetière qui regarde le sud et le presbytère (1), tandis que de l'autre côté apparaît une seconde colonne.

Cinquante des nôtres roulent à terre sous la première décharge de l'ennemi. Le commandant de Fouchier a la cuisse gauche traversée par une balle : il est fait prisonnier. Quelques minutes après, dans l'autre partie du cimetière, le commandant Varlet est tué au pied d'un arbre. Le combat continue une heure encore dans cet étroit espace, sur ces tombes ensanglantées. Le général prussien, von Kotwitz, invite M. de Fouchier à donner des ordres pour suspendre la résistance. Quoique souffrant, le commandant français lui répond avec fierté : « Monsieur, ce n'est pas mon affaire d'arrêter le feu de mes soldats : c'est la vôtre ! » — « C'est vrai, dit von Kotwitz, vous avez raison, » et il n'insista pas. Vers sept heures, presque tout ce qui restait des deux bataillons était prisonnier. Quelques coups isolés retentirent encore çà et là. Mais peu à peu la fusillade se tut : les soldats cessèrent de tirer, quand ils virent leurs camarades prisonniers au milieu des Allemands. Tout était donc fini. Rendons-leur cette justice : les bataillons du 37e avaient été les derniers et les plus malheureux des

---

(1). Le premier Allemand qui se jeta sur la petite porte en fer du cimetière, le lieutenant Muller du 76e, y fut tué vers six heures et demie. On l'a enterré tout à côté de cette porte.

braves que Loigny éclaira de ses flammes dans cette sinistre journée ; ils avaient tenu là près de cinq heures (1), sans penser à la retraite, parce que, selon le mot héroïque et simple d'un de leurs officiers, ils s'étaient crus « destinés par leur résistance à protéger la retraite de leur division » (2).

Avec le jour la bataille se terminait aussi devant

---

(1) Voir aux Pièces justificatives, note 7.

(2) Les régiments de Treskow firent de grandes pertes dans le village de Loigny et dans les lieux d'alentour. On croit qu'ils eurent là 1.200 à 1.500 morts. Mais ce n'est qu'un chiffre approximatif et douteux. Car, avec une promptitude extrême, l'ennemi brûla ses morts à Loigny, près de Villerand, dans la grange de Villours, comme à Ecuillon et devant Lumeau. Il en enterra la nuit, à Villeprévost, à la lumière d'une lanterne. Le lendemain, on ne relevait que 30 cadavres Prussiens devant Loigny, tant ces soins avaient été pris rapidement.

Dans le parc de M. Fougeron, à Villeprévost, et dans le cimetière de Loigny, reposent quelques officiers qui portaient des noms fort honorés dans la noblesse prussienne : dans le premier, c'est le porte-étendard Vogel de Falkenstein ; dans le second, ce sont les capitaines de Rantzau et de Bassewitz, avec le lieutenant de Haza-Radcitz.

A Beauvilliers, les pertes des Allemands se manifestent nettement. On nous y a montré deux fosses dont l'une contient 195 Bavarois et l'autre 15 ; à côté, 22 Français. Dans l'ambulance de cette même ferme, on compta 102 Français et plus de 350 Allemands.

Quant à l'armée de la Loire, elle eut à Loigny et dans la

Villepion. A la nouvelle que les troupes du 17ᵉ corps avaient échoué devant Loigny, l'amiral avait compris que sa division, épuisée par un si long combat, ne pouvait rester plus longtemps isolée au milieu des Prussiens qui l'allaient entourer. Tandis que le 2ᵉ bataillon du 33ᵉ mobiles occupe le parc de Villepion et que le 3ᵉ, formant le carré, résiste à la cavalerie ennemie non loin du moulin ; tandis que le 39ᵉ (1), ses compagnies une fois reconstituées, chasse devant lui les tirailleurs et les cavaliers prussiens qui arrivent à la droite de Villepion, l'amiral prépare la retraite. Dès qu'il y voit l'ordre assuré et son artillerie intacte, il donne le signal : on se retire dans la direction de Terminiers. La nuit était sombre déjà. Les Allemands reviennent sur Villepion en poussant des hourrahs. Mais le 2ᵉ bataillon du 33ᵉ mobiles n'a pas encore évacué le parc ; avec l'aide de tous les hommes attardés, chasseurs ou soldats de ligne, que le capitaine Couturié trouve sous sa main et place aux

plaine qui l'entoure plus de 1.300 morts. Dans les ambulances françaises qui s'y établirent, on avait recueilli plus de 1,500 blessés, le lendemain matin. Parmi eux le général de Sonis qui passa la nuit étendu sur la terre dure, la tête posée sur la selle de son cheval, et recouvert de son seul manteau sous un ciel glacial.

(1) Dans la journée du 2, le 39ᵉ de marche eut 22 officiers et plus de 1.300 hommes hors de combat !

créneaux, le 2ᵉ bataillon accueille l'ennemi par une décharge foudroyante : les Prussiens rebroussent chemin. Ce fut là leur dernière tentative : Villepion recouvra dès lors le silence et la paix. A minuit un escadron du 1ᵉʳ hussards (2ᵉ cavalerie mixte) occupait encore le château, tant les vainqueurs, intimidés par l'attitude des vaincus, mettaient de prix à la bravoure de la 1ʳᵉ division ! Ainsi protégée par ses souvenirs et couverte par les derniers feux du 33ᵉ mobiles (1), la division de l'amiral arriva en bon ordre, vers sept heures et demie, à Terminiers. Elle campa autour de ce village par un froid rigoureux, exténuée de faim et de lassitude ; et malgré la gloire qu'elle avait conquise au cours si long de cette journée terrible, elle parut comme abattue devant ces bivouacs, quand, sortie du bruit de la bataille et du danger, elle put songer aux espérances du matin et aux infortunes du soir.

Bientôt la plaine entière fut noire et muette, sauf à Loigny où l'incendie brillait toujours et où l'ennemi célébrait sa conquête. Quel spectacle il y eut encore là ! Les maisons épargnées par les flammes ou situées

---

(1) En rentrant dans le parc de Villepion, le lieutenant-colonel de la Touanne fut atteint d'une balle à l'épaule. Le commandant de Lentilhac lui succéda.

Le 33ᵉ mobiles avait eu plus de 300 tués ou blessés pendant les deux jours ; mais la plupart à la bataille de Loigny.

à l'écart, sont devenues sur l'heure des ambulances (1) ; sur les routes se forment déjà les files de prisonniers. (2) Et puis, les régiments prussiens arrivent, les rangs reformés comme pour la revue. Pendant qu'ils passent triomphants, ils peuvent entendre les blessés poussant les soupirs de l'agonie ou les rugissements plaintifs de la souffrance, et de chaque côté les toits qui brûlent s'effondrent avec fracas. (3) Hélas ! n'est-ce point là cette inévitable mélancolie des choses, que la fortune mêle aux joies de la guerre et au délire des batailles ? Eux, à travers ces rues rouges de sang ou de feu, ils défilent musique en tête, et leurs hourrahs éclatent. Pauvre France ! ces cris annoncent, maintenant à la nuit sinistre,

(1) Le docteur Beaumetz du 31ᵉ régiment de marche et le docteur Chalan du 7ᵉ bataillon de marche de chasseurs organisèrent 2 ambulances, l'une à Loigny, l'autre à Villepion. Secondés par une dizaine d'aides-majors, ils eurent grand'-peine à sauver leurs 2.000 blessés français de la faim dont ils allaient mourir : il fallut disputer aux Prussiens « le peu de pain qu'on pouvait recueillir dans les villages voisins. » Les médecins de Chartres et des environs accoururent avec tout un convoi de secours charitables, dès que leur parvint la nouvelle du désastre.

(2) Dans la nuit même, 1.700 prisonniers, dont beaucoup étaient des blessés, partirent de Loigny et des environs pour Janville.

(3) Loigny brûla toute la nuit ; les deux tiers du village furent en proie à l'incendie.

demain au monde toujours étonné de tes défaites, que les Allemands ont gagné la victoire de Loigny....

Ce n'est pas l'honneur d'une victoire qu'à cette même heure ils revendiquaient à Poupry. Là au moins la bataille était restée indécise, et de midi jusqu'au soir, les Prussiens n'avaient pu faire un pas de plus : à peine von Wittich avait-il maintenu ses troupes dans les positions qu'elles avaient au moment où la rencontre des deux corps d'armée eut lieu.

Le matin, tandis que la 22e division prussienne descendait de Toury vers Artenay, la division Peitavin (3e du 15e corps) remontait vers cette même ville, avec l'ordre de la dépasser. Disposée en colonnes, elle s'était avancée sans crainte, presque sans éclaireurs ni tirailleurs, comme un jour de promenade militaire. Point d'ennemi devant soi. Personne n'était inquiet et ne songeait à un combat ; personne n'eût pu supposer qu'en arrivant vers midi à Artenay, la division allait être assaillie par les Prussiens ; que déjà ils occupaient Poupry ; qu'ils en avaient crénelé les maisons ; qu'ils remplissaient tout un bois derrière ce village, et qu'ils attendaient là, en pleine sécurité, l'arrivée de nos brigades imprudentes. D'où venait donc la confiance du général Peitavin ? De la certitude qu'il était éclairé par le 39e de ligne (2e division), dont les bataillons avaient dû camper toute la nuit à Poupry, Artenay et aux alentours. Or, le général en chef lui-même avait prescrit à ce régiment de n'abandonner ces localités que pour céder la place à la division Peitavin. Mais de très-bonne heure, le 39ᵉ avait quitté ses campements pour se rendre à Ruan. Son départ avait laissé le pays vide de troupes, et le général Peitavin n'en avait pas été informé. L'ennemi avait donc eu l'accès le plus facile à ces positions ; et quand la 3ᵉ division lui présenta sa 1ʳᵉ brigade, sur la droite de la route de Paris, la 2ᵉ entre Artenay et Poupry, von Wittich eut pour l'attaquer en flanc une occasion qu'il n'avait pu espérer.

On s'avançait d'un pas paisible, le cœur plein des illusions qu'avaient produites l'espoir de rencontrer prochainement l'armée de Ducrot. La 2ᵉ brigade, où le général Martinez commandait au 27ᵉ de marche, au 34ᵉ de marche et au 69ᵉ mobiles (Ariége), gagnait le territoire de Dambron. Le 27ᵉ est en tête, deux bataillons déployés dans l'ordre de bataille; le 3ᵉ suit, formé en colonne. On commence à s'inquiéter de ce silence et de ce calme ; car au lointain, sur la gauche, on entend les sourds roulements d'une canonnade prolongée. Où donc est l'ennemi ? Chacun regarde en avant. Par malheur, on n'a point de cavalerie pour reconnaître cet horizon plein de vagues périls. Une demi-batterie y supplée ; elle se porte sur le front et lance des obus dans le vide, afin de sonder le terrain. En vain frappe-t-on l'espace : point d'ennemis qui se lèvent sur ce sol pacifique. Du côté de la 1ʳᵉ brigade, on a eu le même soin, et on n'a rien découvert non plus.

On a repris la marche. Les soldats croient les Prussiens encore loin. La vigilance commence à s'endormir dans les cœurs un instant anxieux ; on cause, on ne pense plus à l'action prochaine ; on s'imagine avoir encore quelques heures de répit... Déjà on a dépassé Poupry, quand tout à coup, sur la gauche, un bruit formidable éclate : de Poupry, plusieurs batteries tirent à la fois sur le flanc de la brigade. Il semble que l'ennemi ait eu le loisir de distribuer à chacun son rôle dans cette tâche meurtrière : chaque régiment est atteint, chaque bataillon est visé ; ceux surtout qui sont en colonnes, offrant aux coups une masse plus compacte, reçoivent des décharges rapides et foudroyantes. Par dessus la deuxième brigade, l'ennemi envoie des obus à la première, de l'autre côté de la route. En même temps, des créneaux de chaque maison et de chacun des arbres du bois, les balles arrivent sur nos régiments surpris. C'est à cinquante pas que l'ennemi donne ainsi la mort. Nos soldats tombent comme par pelotons. La terreur commence à les agiter ; il y a une oscillation dans les rangs : la fuite se prépare. Les officiers s'élancent. « En avant ! » crient-ils. Martinez accourt : il contient cette foule ondoyante ; ses regards, ses reproches et ses prières arrêtent ceux que saisit déjà la panique.

En ce moment, un mot rétablit la situation. On était pris en flanc ; on n'avait qu'un espace de cinquante pas pour opérer un changement de front ; sous ce feu terrible, il n'y fallait pas songer. Si on l'essayait, on exposait les troupes à la mort dans le mouvement lent et pénible d'une conversion : elles n'eussent pu achever cette sanglante manœuvre. « En tirailleurs ! » commandèrent leurs chefs. Et les soldats s'élancent avec impétuosité sur le village. Le 27ᵉ, bravement conduit par ses officiers, court vers les batteries. Elles se retirent. On a affaire alors aux ennemis cachés dans les maisons. Les Français cherchent à les débusquer : trois fois ils entrent dans le village et font des prisonniers ; trois fois il faut l'évacuer. Le révolver à la main, le général Martinez y a deux fois précédé ses soldats. Mais derrière leurs meurtrières, les Prussiens multiplient sûrement leurs coups. On ne put déloger l'ennemi ni de ces positions, ni du bois où, couché dans les fourrés, abrité par les arbres, il ne laissait voir à ses assaillants que son casque brillant dans l'ombre et la verdure. Deux heures et demi, le 27ᵉ leur livra cet héroïque assaut : trente de ses officiers y tombèrent tués ou blessés, et parmi eux les trois chefs de bataillon. Qu'un seul régiment, qu'un bataillon même vînt à son secours, et les Prussiens étaient chassés du bois et du village. Mais rien ne vint, ou plutôt ce fut l'ennemi qui reçut des renforts.

Derrière le village, le bois s'avance vers le nord : une assez vaste éclaircie se dessine entre les maisons et les premiers arbres. On y apercevait en grand nombre des troupes prussiennes. De cette clairière arrive tout à coup un régiment de cavalerie, qui charge nos soldats au moment où leurs munitions s'épuisaient. Le 27e décimé, battit en retraite. Toutefois, l'ennemi, loin de profiter de l'avantage, ne bougea pas. Il se contenta de tirer avec violence sur les Français qui se repliaient.

L'heure était critique. Victorieux à Lumeau, l'ennemi avait pénétré comme un coin entre le 16e et le 15e corps. Déjà ses éclaireurs paraissaient devant Sougy. De là ne pouvait-il pas, par un de ces mouvements hardis dont il était capable, gagner la grande route qui mène d'Artenay à Orléans ? En ce moment même les convois du 15e corps se serraient en longues files sur ce chemin ; d'ailleurs, c'était la ligne de retraite des deux divisions qui se trouvaient alors devant Artenay. Le plus grave péril menaçait donc le 15e corps sur sa gauche ; et le général d'Aurelles avait vu lui-même le danger, quand à midi il était arrivé à Artenay. Les Prussiens commençaient à établir des batteries entre Mameraut et Poupry ; ils braquaient leurs pièces contre Artenay : tout-à-l'heure le feu de leurs canons aura éclaté derrière la division Peitavin : leurs boulets traversant la route d'Artenay y couperont le passage et formeront dans l'espace, jusqu'aux profondeurs de l'est, une barrière de fer, partout présente sur le sol et dans l'air aux troupes qui voudront revenir sur leurs pas ; tout à l'heure peut être Artenay incendié épouvantera de ses flammes les soldats du 15ᵉ corps qui regarderont derrière eux. D'Aurelles à bon droit alarmé appelle tout de suite d'Artenay la réserve d'artillerie du 15ᵉ corps ; sur son ordre, elle court en avant de sa plus vive allure, par la grande route de Chartres. Au galop, il se rend lui-même à la ferme de Villeneuve qu'occupait un bataillon de mobiles. Il le dispose sous le feu de l'ennemi entre la ferme, le hameau d'Auteroches et le château d'Auvilliers. Au fur et à mesure qu'elles surviennent, il place les batteries de réserve autour de la Villeneuve et d'Auteroches. Il fait venir d'Artenay un régiment de mobiles, qui lui servira de réserve. En même temps, il dépêche un de ses officiers à la 2ᵉ division, pour l'amener au plus vite vers Poupry.

Il était temps que de ce côté on présentât à l'ennemi un front de bataille. Ses tirailleurs s'avançaient sur le hameau d'Auteroches et des colonnes d'attaque se montraient derrière eux. Mais une batterie de mitrailleuses a tout-à-coup vomi sur les Prussiens ses mille projectiles, ses mille morts ; nos canons, sous la direction d'un solide et vaillant soldat, le colonel

Chape, tonnent à leur tour ; et pendant que notre artillerie contrebat ainsi celle de von Wittich, nos mobiles se couvrent d'une fusillade rapide et terrible. La bataille est chaude. Auteroches ne retentit que du bruit des obus prussiens qui, de toutes parts, en écrasent les toits. Les hommes tombent autour de d'Aurelles ; près de lui, un de ses officiers d'ordonnance, M. de Bellissen, a son cheval blessé ; près de lui aussi, un capitaine de l'état-major général, M. Delcmer, reçoit une balle à la poitrine. Mais d'Aurelles maintient énergiquement le combat. A une heure, l'ennemi plie et recule. L'espoir renaît. On peut même assurer que, si la 2ᵉ division se fût trouvée moins loin, si elle n'eût pas dépassé Artenay, d'Aurelles aurait peut-être à ce moment rétabli la fortune de ses armes sur toute la ligne de la bataille : la 2ᵉ division, lancée sur la gauche de Poupry, n'eût pas seulement contraint von Wittich à quitter ce village ; en inclinant vers Domainville et Lumeau, elle retenait von Treskow, elle l'empêchait d'aller à Goury sauver les Bavarois et d'aller à Loigny reprendre au 16ᵉ corps la clef de nos positions. Mais il n'en pouvait plus être ainsi. La 2ᵉ division, ne rencontrant ni ennemis ni obstacles devant elle, s'était avancée trop loin. De Loigny à Poupry, l'attaque avait été inégale, les heures de combat ayant trop varié pour qu'un effort d'ensemble pressât l'armée prussienne sur tous les points à la fois ; et c'est par cette raison qu'au milieu de ces mouvements irréguliers et pour ainsi dire isolés, le général d'Aurelles n'eut pas sous sa main, quand il on avait besoin, toutes les forces nécessaires.

D'Aurelles avait eu l'honneur et la joie de voir les Prussiens se replier peu à peu derrière Poupry. La gauche du 15ᵉ corps était préservée ; à quatre heures, ils disparaissaient dans cette direction. Or, tandis que d'Aurelles prévenait ainsi leur dessein devant Auvilliers et Auteroches, tandis que le 27ᵉ leur tenait tête à l'est de Poupry, la 3ᵉ division (Peitavin) s'était reconstituée ; elle avait pris un ordre de bataille parallèle à la route de Paris. Vers trois heures et demie, elle commença l'attaque contre le bois et le village. Les Prussiens, assaillis avec fureur, s'excitent à la résistance. On les entend crier : Hurrah ! tous ensemble. Pour y répondre, nos généraux font à chaque fois sonner la charge. La fusillade est effrayante. Le 2ᵉ bataillon du 69ᵉ mobiles se bat bravement : deux de ses compagnies entrent dans le bois et y font des prisonniers. Le colonel du 34ᵉ de marche, tête nue, conduit son régiment avec une intrépidité que le succès récompense : le 34ᵉ refoule les Prussiens derrière Poupry. La 1ʳᵉ brigade force à reculer la cavalerie du comte de Stolberg. Nos mitrailleuses ravagent les régiments de von Wittich. Le bois des Trois-Saulnes est pris ; les maisons qui sont au nord du village, ainsi que la ferme de la Cache, sont emportées d'assaut ; les Prussiens tombent en foule à leur tour. Mais comme la nuit commençait à tout obscurcir, von Wittich tente un retour avec ses dernières troupes ; la 17ᵉ division lui a envoyé des renforts, tandis qu'aucun secours n'est arrivé à la nôtre (1) ; les cuirassiers de Stolberg et le 2ᵉ hulans de la Haute-Silésie chargent jusque dans l'ombre nos soldats fatigués. Cédant à cet ensemble d'efforts accablants, la 3ᵉ division ne peut garder le village ; toutefois les Prussiens n'osent aller plus loin, et le terrain qui s'étend tout autour reste au général Peitavin. Ce qui le prouve, c'est que ses grand'gardes étaient postés le lendemain matin à quelques mètres de Poupry, et que l'un de ses régiments campait près du moulin auquel touchait, à midi, la ligne des batteries prussiennes. On peut dire que, si la journée eût

---

(1) La 2ᵉ division du 15ᵉ corps se trouvait, pendant le combat de Poupry, au nord-ouest d'Artenay. Sa 1ʳᵉ brigade était à Ruan ; la 2ᵉ, placée à Aschères, reliait les troupes de Ruan à celles qui occupaient Neuville.

La 1ʳᵉ brigade avait reçu, vers une heure, l'ordre de se porter de Ruan sur Poupry, au secours du général Peitavin. Le bruit du combat l'appelait ; elle n'avait pas deux lieues à faire, et pourtant elle n'arriva qu'à la tombée du jour. Venue à temps, elle nous assurait sur l'aile droite un succès complet ; la division von Wittich mise en déroute, la journée du lendemain eût peut-être changé de face.

duré quelques heures encore, elle était nôtre. Les Prussiens eux-mêmes ont avoué (1) que von Wittich dut surtout le salut de sa division à la nuit qui tomba; à ce moment, il voyait ses troupes épouvantées de leurs pertes et incapables de continuer plus longtemps la lutte. Comme le jour baissait, von Wittich avait aperçu des régiments français vers Dambron : c'était le 1re brigade de la 2e division qui débouchait de ce village ; elle arrivait au secours de Peitavin. Surpris et bientôt effrayés, les Prussiens, qui se croyaient tournés, s'étaient retirés en désordre vers Baigneanx. Von Wittich put donc se féliciter que l'ombre du soir protégeât si à propos la retraite de ses troupes. Peut-être que de leur côté les généraux français hésitèrent trop à pousser plus loin l'avantage de leur victoire.

Telle avait été la bataille de Loigny. De Guillonville jusqu'à Artenay, plus de 120,000 hommes venaient de répandre le sang de la France et de l'Allemagne, sans terminer leur querelle ni même en prévoir la fin. Bien que la longue suite des combats qui continuèrent cette journée ait presque permis d'en oublier un instant l'importance et le nom, certes,

---

(1) Voir le récit de la *Gazette de la Croix*, reproduit le 22 décembre 1870 par la *Gazette de la Bourse*.

elle a sa mélancolique majesté parmi les deuils de notre histoire. Le soir, quant aux bivouacs de Terminiers et de Patay, on voulait persuader aux soldats que l'ennemi n'avait eu qu'un faible avantage, ils secouaient tristement la tête et se disaient vaincus. Leur découragement se trompait-il donc? S'il s'était agi de faire la part de la gloire, on pouvait hésiter. Que dis-je? On pouvait plutôt célébrer l'honneur de la France, en lui donnant la première place dans l'héroïsme; car la 1re division du 16e corps avait, sans autre aide que sa vaillance, soutenu sept heures l'effort de presque toute une armée; et la mémoire de ceux qui ont péri devant Goury et Loigny s'ajoute à tous les souvenirs chevaleresques dont s'illustre toujours le malheur de la France. S'il s'était agi de compter les pertes, on eût constaté, sans pouvoir s'en consoler, qu'elles étaient presque égales: les seuls Bavarois avaient plus de 2,000 d'entre eux hors de combat; la division von Wittich déplorait des sacrifices extraordinaires; dans un rapport, le duc de Saxe Meiningen estimait à 5,000 environ le nombre des Allemands tués ou blessés, et sans doute ce chiffre est inférieur à la vérité. Quant aux Français, avec les 1,700 prisonniers que l'ennemi se vantait d'emmener en même temps que 11 canons, ils avaient désormais 6 à 7,000 hommes de moins dans leurs rangs: pour les 37e, 39e et 27e de marche, le 3e chasseurs, le 75e mobiles et le 1ᵉʳ bataillon des zouaves pontificaux, l'effectif n'était-il pas presque réduit de moitié ? Enfin, si l'on considérait les positions des deux parties à la fin du combat, on pouvait encore égaler pour l'une et pour l'autre les résultats de la journée : les Allemands n'avaient pris de vive force qu'un village ; victorieux au centre, ils avaient eu la plus grande peine à se maintenir sur leur gauche, à Poupry ; ils n'avaient pas pu dépasser sur leur droite, devant Orgères, les campements où la veille Chanzy les avait refoulés devant lui. Mais la victoire des Allemands était funeste à leur ennemi par les changements qu'elle produisait dans la stratégie et dans l'état de l'armée française : la défaite de Loigny la désorganisait à sa gauche, comme celle de Beaune-la-Rolande l'avait fait à droite. Le lendemain, si Fredéric-Charles, la pressant de toutes ses forces, faisait céder le 15ᵉ corps sous ses coups, il se frayait le chemin d'Orléans et de la Loire. Le général d'Aurelles n'était pas seulement obligé de suspendre la marche commencée, Ducrot dût-il vraiment arriver : au bout de la deuxième journée, finissait la campagne dont M. Gambetta et M. de Freycinet avaient décrété le plan. Le mal était plus grave encore : car la retraite du 16ᵉ corps devenant nécessaire, on était obligé de rentrer dans le campements qu'on avait occupés autour d'Orléans.

Par malheur, la défense elle-même y devait être incertaine et difficile : outre que cette position n'offrait pas, en effet, la protection assurée qu'on aurait pu croire, la plupart des troupes y revenaient démoralisées ; la première vigueur du soldat français, la confiance, s'était comme brisée au fond de leur cœur dans l'échec du 2 décembre.

Mieux que nous, la postérité distinguera les causes auxquelles l'armée de la Loire aura dû cette défaite. On rappellera la supériorité qu'avait l'artillerie prussienne, pour le calibre, la portée et le nombre (1) ; on dira que bien des batteries, faute de servants, d'ordres ou d'audace, restèrent inactives de notre côté, immobiles sur la route de Terminiers. On se plaindra que la cavalerie du général Michel, si vaillante au combat de Villepion, ait été inutile à la bataille de Loigny. On fera remarquer que par imprévoyance ou présomption, le 17ᵉ corps, qui devait servir de réserve, fut laissé trop loin ou appelé trop tard. On s'apercevra que deux divisions furent au-dessous de leur tâche ; et, qu'il faille plaindre ou blâmer ces troupes amassées si vite au milieu des surprises de notre infortune nationale, on mentionnera avec dou-

---

(1) L'amiral Jauréguiberry dit, dans son rapport, que l'ennemi « avait mis en batterie contre notre gauche plus de cent pièces de canon. »

leur l'indignité de plusieurs d'entre elles (1). Mais la responsabilité du désastre dont la bataille de Loigny allait être le commencement, on la reportera surtout sur ceux qui à Tours furent les despotes de cette guerre, les auteurs de ce plan de campagne, les dispensateurs de ces ordres et de ces renseignements qui trompèrent à la fois la volonté, la prudence et l'honneur des généraux. Par dessus tout, on s'étonnera qu'à l'heure où les tristes conséquences de cette défaite s'accumulaient dans nos malheurs aux pieds d'Orléans menacé, M. Gambetta ait osé adresser à la France le bulletin que voici :

DÉPÊCHE TÉLÉGRAPHIQUE.

Tours, 3 décembre, 3 h. 25 m.

Le Ministre de l'Intérieur à MM. les Préfets, Sous-Préfets et Généraux de division et de subdivision.

« Le mouvement de l'armée de la Loire s'est continué hier ; il a donné lieu à une série d'engagements, sans avantage marqué d'aucun côté.

« Dans l'un d'eux, le général de Sonis, emporté par son élan, a été blessé et fait prisonnier. Cet accident a déterminé un temps d'arrêt dans la marche du 17e corps.

« Du reste, nous gardons nos positions, et le moral de nos troupes est excellent. »

Rien ne servait d'abuser encore la France, comme on s'en était plaint au commencement de la guerre.

(1) Chanzy, dans l'ordre de marche où, le lendemain, il réglait sa retraite, déclare que « des corps entiers » ont été pris de panique ; il annonce qu'il punira ces défaillances.

Tromper les nations au patriotisme desquelles on demande des efforts surhumains, c'est une faute : jamais le mensonge n'a rendu un peuple viril. Tromper les nations surchargées de calamités qui les écrasent, c'est un crime : car d'abord l'illusion n'a jamais sauvé un peuple qui se perd, et de plus elle le conduit plus profondément dans l'abîme.

PIÈCES JUSTIFICATIVES.

NOTE 1.

Guerre à général en chef, Saint-Jean-la-Ruelle.

Tours, le 30 novembre, 3 h. 35 m. du soir.

Continuez vos préparatifs en vue de vous porter en avant, route d'Etampes et route de Pithiviers, avec le 16e corps et les deux divisions du 15e, et en vue de ramener de Sonis (17e corps) à Orléans. Ne changez pas la position de la division qui est avec des Pallières.

Je vous expliquerai de vive voix ce que nous attendons de vous et nous l'étudierons ensemble. Si le général Chanzy et même le général des Pallières peuvent se trouver à votre quartier général ce soir à huit heures, sans compromettre en quoi que ce soit, bien entendu, la sécurité des troupes, je serai charmé de les associer à notre conférence.

Signé : DE FREYCINET.

NOTE 2.

Guerre à général en chef, armée Loire, Saint-Jean-de-la-Ruelle, à général Chanzy, 16e corps, Saint-Péravy, et à général de Sonis, 17e corps, à Marchenoir.

St-Péravy, de Tours, le 30 novembre, 12 h. 15 m. du soir.

D'après nos renseignements, vous devez avoir affaire à une colonne de 20 à 25,000, dont le gros paraît se diriger sur Toury en masquant son mouvement par l'attaque que vous nous faites connaître. Le mouvement de Sonis vers vous, fait avec promptitude et décision, devra donc menacer sérieusement l'aile gauche de l'ennemi. La colonne ennemie se compose de la 17e division d'infanterie, d'une partie de la 22e, de la 4e et de la 6e division de cavalerie ; elle est commandée par le duc de Mecklembourg.

Signé : DE FREYCINET.

NOTE 3.

Général en chef au général Chanzy, à Saint-Péravy.

St-Péravy, de St-Jean-de-la-Ruelle, le 30 novembre 1870, 1 h. 25 m. du soir.

D'après les renseignements que je reçois du ministre et qu'il me donne avec insistance, nous n'aurions rien à craindre de sérieux sur notre gauche, quelle que pût être la vivacité d'une attaque que l'ennemi dirigerait de ce côté. Cette attaque ne serait qu'une feinte destinée à masquer un mouvement de l'ennemi vers l'est. Le général Peitavin me rend compte que tout est tranquille en avant de lui. Une reconnaissance arrivée jusqu'à Terminiers n'a rien vu. Martineau m'écrit qu'il n'a rien à signaler du côté d'Artenay. De Sonis vous est-il signalé vers votre gauche ? J'ai besoin de vous voir aujourd'hui. Venez dès que vous croirez pouvoir vous absenter sans inconvénient.

Signé : D'AURELLES.

NOTE 4.

Au ministre de la guerre, à Tours.

1er décembre 1870.

Le 16e corps, qui a quitté ses positions à dix heures, a .. sur sa gauche l'ennemi fortement établi de Guillonville à Terminiers par Gommiers. Le combat, engagé à midi, s'est prolongé jusqu'à six heures du soir, malgré la résistance énergique d'une force d'au moins 20,000 hommes, (cavalerie, infanterie, et 40 à 50 canons). La 1re division a enlevé successivement les premières positions ennemies, et ensuite celles de Nonneville, Villepion et Faverolles, sur lesquelles elle bivouaque cette nuit. Partout nos troupes ont abordé l'ennemi avec un élan irrésistible : les Prussiens ont été délogés des villages à la baïonnette ; notre artillerie a été d'une audace et d'une précision que je ne puis trop louer. Nos pertes ne paraissent pas sérieuses ; celles de l'ennemi sont considérables. On recueille des prisonniers, parmi lesquels plusieurs officiers. Les honneurs de la journée sont à l'amiral Jauréguiberry. L'ennemi s'est retiré dans la direction de Loigny et du château de Cambrai. Je le suivrai demain sur Janville et Toury.

Je fais connaître à mon corps d'armée la grande nouvelle de la sortie de Paris. Il saura répondre à ce que le pays attend de lui ; il vient de l'affirmer par le combat de Villepion.

Signé : CHANZY.

NOTE 5.

Guerre à général en chef de l'armée Loire, Saint-Jean-de-la-Ruelle : faire suivre à commandants chefs 17e corps, Saint-Jean ; 15e corps, Loigny ; 16e corps, Patay ; 18e corps, Bellegarde ; 20e corps, Bellegarde.

St-Péravy, de Tours, le 2 décembre 1870, 4 h. du soir.

Il demeure entendu qu'à partir de ce jour, et par suite des opérations en cours, vous donnerez directement vos instructions stratégiques aux 15e, 16e, 17e, 18e et 20e corps. J'avais dirigé jusqu'à hier le 18e et le 20e, et par moments le 17e. Je vous laisse ce soin désormais. D'après l'ensemble de mes renseignements, je ne crois pas que vous trouviez à Pithiviers, ni sur les autres points, une résistance prolongée. Selon moi, l'ennemi cherchera uniquement à masquer son mouvement vers le nord-est, à la rencontre de Ducrot. La colonne à laquelle vous avez eu affaire hier, et peut-être aujourd'hui, n'est sans doute qu'une fraction isolée qui cherche à nous retarder. Mais je le répète, le gros doit filer vers Corbeil. En ce moment Châteaudun est réoccupé par nous.

Signé : GAMBETTA.

NOTE 6.

Mon général,

A peine échappé des mains de l'ennemi, j'ai l'honneur de vous envoyer le rapport sur la part prise par le régiment à la bataille de Loigny.

Arrivés à 7 heures du matin à Patay avec le bataillon des Côtes-du-Nord et le peloton d'éclaireurs comme escorte de la réserve d'artillerie, je reçus l'ordre du général en chef de laisser tous nos bagages avec 10 hommes par compagnie pour les garder, et de suivre l'artillerie.

Après avoir marché plus d'une heure dans la direction de Guillonville, nous traversâmes la route de Patay à Chartres, et prîmes position sur une hauteur près du château de Villepion, pour protéger deux batteries qui ouvrirent le feu sur les batteries ennemies placées au village de Guillonville.

Le second bataillon fut laissé de réserve à l'artillerie avec trois compagnies du bataillon des Côtes-du-Nord. Les quatre autres vinrent se ranger en colonne derrière nous, ainsi que les compagnies des francs-tireurs de Tours et de Blidah.

Nous restâmes exposés au feu de l'ennemi pendant près d'une demi-heure, jusqu'au moment où mes batteries firent taire celles de l'ennemi. La troupe fut superbe de calme et de sang-froid.

Vers quatre heures environ, le général de Sonis arriva au galop et me donna l'ordre de m'apprêter à le suivre avec le premier bataillon et de laisser deux compagnies des Côtes-du-Nord comme soutien aux deux batteries, prit avec lui la batterie de mitrailleuses, et, s'élançant à notre tête il nous dit : « Venez, et montrons comme se battent des hommes de cœur ! »

Je dispose immédiatement mon petit bataillon en tirailleurs avec mes réserves, ainsi que les compagnies des francs-tireurs de Blidah et de Tours qui nous suivirent, et on se dirigea sur le village de Loigny.

Il peut y avoir 2 kilomètres entre le point que nous occupions et le village de Loigny. Un petit bois très-fourré d'une longueur de 300 mètres et de 30 mètres de largeur, se trouve à peu près à 200 mètres du village sur la route de Loigny à Terminiers.

Environ à 600 mètres du bois, le 45e de marche se trouvait placé en tirailleurs derrière un imperceptible repli de terrain, avec ses réserves à droite et à gauche.

Après avoir dépassé la route de Villepion à Terminiers, nous commençâmes à recevoir le feu des batteries ennemies, mais sans grand effet. Quand nous eûmes dépassé les lignes de tirailleurs du 45e, le feu de l'ennemi redoubla d'intensité, et un régiment embusqué dans le petit bois fit pleuvoir sur nous une grêle de balles. Le bataillon continua sa route avec un calme et un sang-froid admirables, malgré les pertes sérieuses qu'il éprouvait; jamais mouvement sur un terrain de manœuvres ne fut mieux exécuté. Il aborda le bois à la baïonnette, et chassa les Prussiens, les poursuivit l'épée dans les reins jusqu'au village, et occupa une vingtaine de maisons.

J'essayai de me barricader dans les maisons avec le peu de monde que j'avais sous la main ; mais, assailli de tous les côtés par des forces tellement supérieures, je fus obligé de battre en retraite. Ce fut le moment où nous perdîmes le plus de monde. Partis environ 300, 198 sont restés. Sur 14 officiers présents, 10 ont été mis hors de combat.

Après avoir dépassé la ligne du 45e, je m'aperçus bien vite que la lutte était par trop disproportionnée et je cherchai le général pour demander des ordres. Je m'aperçus qu'il était blessé. Au même instant le commandant de Troussures tombait avec son cheval, et le mien était tué. Cela me fit perdre un peu de temps et je ne pus arrêter mes hommes dans le bois, comme j'en avais l'intention.

Il ne m'appartient pas, mon général, de faire moi-même l'éloge de mon régiment, et, cependant, pour rendre hommage à la vérité, je dois dire que jamais troupe n'a montré au feu plus de calme, d'intrépidité, de sang-froid.

L'attaque a été faite régulièrement, tranquillement, sans

presque tirer un coup de fusil ; la retraite s'est opérée de même, et, à cette affaire les recrues, qui composent mon régiment, se sont élevées à la hauteur des troupes les plus aguerries et les mieux disciplinées. Je dois ajouter que si nous avions été soutenus par 1,000 hommes, la victoire était à nous.

Le second bataillon de réserve a été envoyé sur la gauche jusqu'auprès de Guillonville,

Les compagnies de Blidah et de Tours, ainsi que les compagnies des Côtes-du-Nord, appuyaient le mouvement du premier bataillon sur la droite et chassèrent les Prussiens des fermes de Villoures et de Faverolles.

Les mobiles perdirent 110 hommes ; la compagnie des francs-tireurs de Tours perdirent 30 hommes et 2 officiers, celle de Blidah 28 hommes et 2 officiers.

En face d'une si admirable conduite, le choix pour les récompenses est bien difficile ; tous, sans exception, en sont dignes. Les quelques noms que j'ai l'honneur de proposer se sont fait remarquer d'une manière particulière.

Ci-joint l'état nominatif de la liste des propositions.

Je ne puis terminer mon rapport sans vous parler du dévouement avec lequel les docteurs Chalan du 7e bataillon de marche de chasseurs et Boumès ont organisé deux ambulances, l'une à Villepion, l'autre à Loigny. Sans eux, plus de 2,000 blessés français mouraient littéralement de faim, et c'est à grand'peine et en disputant aux Prussiens le peu de pain qu'on pouvait recueillir dans les villages voisins, qu'ils sont parvenus à nous porter des secours. Quant aux ambulances internationales, elles ont brillé par leur absence.

J'ai l'honneur d'être, mon général, votre très-obéissant subordonné.

Baron DE CHARETTE.

Poitiers, le 10 janvier 1871.

—

NOTE 7.

Le 37e de marche avait été formé le 14 octobre avec 18 compagnies venues de 18 régiments différents. Entrés immédiatement en campagne, les soldats n'avaient pas eu le temps de substituer le n° 37 à celui de leurs anciens corps.

Le 2ᵉ bataillon se composait de compagnies qui venaient des 52ᵉ, 28ᵉ, 30ᵉ, 48ᵉ, 26ᵉ et 32 ; le 3ᵉ bataillon, de compagnies des 97ᵉ, 49ᵉ, 33ᵉ, 53ᵉ, 46ᵉ et 38ᵉ ; le 1ᵉʳ bataillon, de compagnies des 25ᵉ, 31ᵉ, 34ᵉ, 54ᵉ, 27ᵉ et 39ᵉ.

A Coulmiers, le 37ᵉ eut 4 officiers blessés ; à Villepion, il en a 6 hors de combat ; à Loigny, sont frappés mortellement 8 d'entre eux, le chef du 3ᵉ bataillon Varlet, les capitaines Dourneau, Noyer et Frayssine, les lieutenants Bagau, Renault, Jeunot ; le sous-lieutenant Cénan ; 5 y furent blessés, le chef du 2ᵉ bataillon de Fouchier, le capitaine adjudant-major Tollin, les capitaines Jeaudet, et Commesnil ; le lieutenant Hamentien. En trois journées, 23 officiers hors de combat dont 10 tués.

FIN.

IMPRIMERIE ET LITHOGRAPHIE E. CHENU, A ORLÉANS.

www.ingramcontent.com/pod-product-compliance
Lightning Source LLC
Chambersburg PA
CBHW070249100426
42743CB00011B/2195